Thomas Franke

**Warum es besser war,
dass Pogo nicht fliegen konnte**

12 tierische Kurzgeschichten

Über den Autor

Thomas Franke wurde am 17.11.1970 geboren. Gemeinsam mit seiner Frau Anne und seinem Sohn Matthes lebt er in Berlin. Von Beruf ist er Dipl.-Sozialpädagoge und bei einem sozialen Träger für Menschen mit Behinderung tätig. Er gehört der Evangelisch-Freikirchlichen Gemeinde Berlin-Schöneberg an. Die tierischen Kurzgeschichten entstanden aus der Praxis offener Gemeindearbeit heraus im Rahmen der dortigen Kinderklettergruppe.

Thomas Franke

Warum es besser war, dass Pogo nicht fliegen konnte

12 tierische Kurzgeschichten

Verlagsgruppe Random House FSC-DEU-0100
Das FSC-zertifizierte Papier *Super Snowbright* für dieses Buch
liefert Hellefoss AS, Hokksund, Norwegen.

© 2008 Gerth Medien GmbH, Asslar,
in der Verlagsgruppe Random House GmbH, München
3. Auflage 2009
Bestell-Nr. 816 307
ISBN 978-3-86591-307-4
Covergestaltung: Rainer E. Rühl
Illustrationen: Rainer E. Rühl
Satz: Mirjam Kocherscheidt; Gerth Medien GmbH
Druck und Verarbeitung: GGP Media GmbH, Pößneck
Printed in Germany

Für Anne und Matthes.
Ihr beide seid ein Riesenwunder für mich.

Inhalt

Dank 9

Konrad und das Nadelöhr 11

Fiona, Elvis und die Lemminge 23

Alex und Kalle entdecken das Licht . . . 33

Charlie und der Hirte 41

Philipp Fusselbirne

und der Marathon der Weberknechte . . 49

Lars und die Legende vom Meer 57

Zora Zeckes Beschwerdebrief 71

Warum es besser war,

dass Pogo nicht fliegen konnte 81

Schorschi und Henriette

oder: Nur der Löwe ist der Löwe 95

Wie Kuni das Unmögliche tat 105

Harald, das Moor und

der falsche Moment für Plaudereien . 113

Hans und der Sturz in den Abgrund . . 121

Dank

Es gibt eine ganze Menge Menschen, ohne die es dieses Buch nicht geben würde. Und da ihr nicht alle auf den Buchrücken passt, möchte ich euch an dieser Stelle gerne Danke sagen: meiner Frau Anne für ihre unendliche Geduld und Ermutigung, Tina Poock für ihre Freundschaft und großartige kollegiale Unterstützung von Anfang an, Sandy Noack fürs liebevolle Korrekturlesen, Michael Noss und Albrecht Gralle für ihre Hilfestellung und Beratung sowie der Kinderklettergruppe der EFG Berlin-Schöneberg und all den anderen, die zum Entstehen der Geschichten beigetragen haben.

Mein Dank gilt auch Mirjam Kocherscheidt und Johannes Leuchtmann für die Wertschätzung der Geschichten und die tolle Zusammenarbeit. Bessere Lektoren hätte ich mir nicht wünschen können.

Konrad
und das Nadelöhr

Konrad war stolze zwei Meter fünfundvierzig groß. Er trug stets eine riesige, blau-gold verzierte Damastdecke und konnte mühelos die allerschwersten Lasten schleppen. Vierhundert Kilo waren überhaupt kein Problem, und dies tagelang und bei Affenhitze. Dabei geriet er nicht einmal ins Schwitzen. Außerdem war er superschnell. Einmal hatte er sogar den Araberhengst eines Kalifen in einem Rennen geschlagen. Konrad hatte seidiges, goldbraunes Haar und einen prächtigen, schwarzbraunen Kinnbart. Überdies hatte er auch noch eine besondere Begabung im Weitspucken. Er konnte zielgenau 15 Meter weit direkt in das Ohr eines Kameltreibers spucken. Und wenn dieser sich dann wutschäumend nach dem schleimigen Angreifer umsah, blickte der Übeltäter so unschuldig drein wie ein Lämmlein, das gerade sein erstes Gänseblümchen verzehrt.

Um es klar zu sagen: Konrad war das größte und schönste Kamel im Umkreis von 200 Meilen, und das wusste er sehr genau. Die Kamelstuten waren alle hin und weg von ihm und ein Blick aus seinen klaren braunen Augen ließ sie dahinschmelzen wie Vanilleeis in einer Bratpfanne.

11

Konrad blickte immer ein wenig hochmütig auf die Kamelkollegen seiner Karawane herab. Für die Maultiere hatte er nur ein mitleidiges Lächeln übrig und die Lastesel beachtete er gar nicht erst. Sie waren für ihn nicht mehr als struppige Staubwedel mit Ohren.

Der mickrigste dieser wandelnden Staubwedel war ein besonders erbarmungswürdiges

Geschöpf. Elimar, der Esel, war so winzig, dass die anderen Tiere lästerten, er sei wohl ein Karnickel, dem man die Beine lang gezogen habe. Sein struppiges, mausgraues Fell war voller Flöhe, und er roch wie ein Iltis, der einem Stinktier imponieren will.

Elimar hatte furchtbare Angst vor Wasser. Lieber trank er die alte, abgestandene Brühe aus einem Eimer, als dass er sich einer Oase dichter als zwanzig Schritte näherte. Schon wenn ein paar Spritzer sein Fell benetzten, quiekte er wie ein Schwein, dem ein Metzger zuzwinkert. Das lag daran, dass sein erster Besitzer versucht hatte, Elimar zu ertränken, als er erkannt hatte, was für ein nutzloser Winzling der kleine Esel war. Glücklicherweise war damals gerade Trockenzeit und somit nicht

genug Wasser in der Oase. Elimar kam mit dem Leben davon. Allerdings büßte er dabei seine Vorderzähne ein, die unglücklicherweise weniger robust waren als der Kieselstein am Oasengrund. Seitdem lispelte er.

Eines Tages nun geschah es, dass Elimar mit seiner Karawane direkt neben Konrad dahinzog. Das heißt: Konrad zog dahin – mit langen, eleganten Schritten. Elimar hingegen versuchte hoppelnd und mit heraushängender Zunge, Schritt zu halten. Der kleine Esel hatte auf seinem Rücken ein winziges Körbchen mit Dung, welcher den Beduinen als Brennmaterial diente. Konrad hingegen trug eine Last, die mindestens fünfmal so schwer war wie der ganze Elimar samt seinem Körbchen: schwarzes Ebenholz und feinste Seide aus dem Libanon – sehr selten und sehr, sehr kostbar. Das würdige Kamel achtete nicht weiter auf den winzigen, struppigen Esel, und Elimar traute sich nicht, etwas zu sagen.

Die Karawane war ein bisschen spät dran und die Tiere wurden immer unruhiger. Plötzlich ließ ein Schrei die ganze Kolonne erschrocken zusammenfahren. „Ein Sandsturm! Ein Sandsturm kommt auf."

„Au Backe, fo ein Mift", lispelte Elimar.

Konrad behielt die Ruhe. Rasch erstieg er einen kleinen Sandhügel und sah, wie erwartet, die Stadt nur ein paar Meilen entfernt in der Abenddämmerung vor sich liegen. „Okay,

Jungs", rief er den anderen Kamelen zu, „jetzt ganz ruhig bleiben! Es war ein harter Tag, aber wir schaffen das. Im Laufschritt brauchen wir nicht mehr als 15 Minuten. Ich gebe das Tempo vor. Und ich verspreche euch, wer bei mir bleibt, schlürft nachher einen Wassermelonenshake on the Rocks in Josefs Bar, ohne dass ihm der Sand zwischen den Zähnen knirscht. Mir nach!"

„Ist er nicht großartig?", säuselte Dorothee die Dromedardame ihrer Freundin, der dicken Dana, zu.

„Er ist ein wahrer Held", bestätigte diese.

Die ganze Kolonne fasste neuen Mut und im Laufschritt folgte sie dem vorauseilenden Konrad. Elimar versuchte, das Tempo zu halten. Sein Herz flatterte wie ein Schmetterling und sein Atem keuchte so laut wie eine Dampflok mit Asthma. Dennoch konnte er nicht verhindern, dass er immer weiter zurückfiel.

Plötzlich blieb Konrad stehen, sodass auch die anderen mit qualmenden Hufen über den Sand schlitterten. Mit hechelnder Zunge stieß als Letzter auch Elimar dazu.

„Diese elenden Weicheier", knurrte Konrad. „Seht euch das an. Sie schließen die großen Tore."

„Sie haben Angst vor dem Sandsturm", sagte Dorothee mit großen Augen.

„Sieht so aus", erwiderte Konrad. Dann erhob er die Stimme und wandte sich an die

15

erschrocken dastehende Karawane. „Planänderung, Leute. Wir müssen weiter nach Osten. Dort gibt es, soweit ich weiß, noch ein kleines Nebentor. Das ist fast immer offen. Jetzt könnt ihr zeigen, was in euch steckt. Beeilt euch. Wir müssen die Ladung retten."

Elimar der Esel wollte etwas sagen. „Äh ... Hallo ... Chef! Ef ... ef gibt da noch ein Problem ..."

Weiter kam er nicht, denn Konrad startete durch und hinterließ eine mächtige Staubwolke.

Nachdem er seinen Hustenanfall überwunden hatte, versuchte der kleine Esel verzweifelt mitzuhalten. Hinter sich konnte er schon das drohende Brausen des Sturmes vernehmen. Elimar glaubte, gleich ohnmächtig werden zu müssen, so anstrengend war das Laufen. Doch er gab nicht auf. Und das lag nicht nur an dem drohenden Sandsturm. Im Gegensatz zu Konrad war Elimar nämlich schon einmal durch das kleine Nebentor gegangen, und er wusste, warum es *Das Nadelöhr* hieß.

Und dann blieb die Karawane tatsächlich noch einmal stehen. Nur fünfzig Meter von der Mauer entfernt. Elimar hätte vor Freude gerne einen Luftsprung gemacht, wenn seine Beine nicht so gezittert hätten wie die eines nackten Kakadus auf einem Eisberg.

„Da vorne ist es", hörte er Konrad sagen, der kein bisschen außer Atem klang. „Auf zum

16

Schlussspurt, bevor die Jungs das Tor auch noch schließen."

Elimar quetschte sich zwischen den Beinen der anderen Tiere hindurch. „Halt", krächzte er völlig erschöpft, „Ftopp, einen … Moment … noch."

Ärgerlich drehte sich Konrad um. Zuerst sah er gar nicht, wer dort rief, bis er seinen Blick zu Boden senkte. „Was willst du denn?", fragte Konrad naserümpfend.

„Daf Tor …", keuchte Elimar atemlos.

„Natürlich ist da das Tor, du Trottel", zischte Konrad. „Deswegen habe ich euch doch hierhergeführt. Und nun zur Seite, du stinkst nämlich ganz erbärmlich. Ich will nicht, dass alle in Ohnmacht fallen, bevor wir die Stadt erreichen."

„Nein, du verftehft nicht", sagte Elimar verzweifelt. „Du mufft vorfichtig fein. Daf Tor ift nämlich fehr kl–"

„Hör auf, hier rumzuwinseln", unterbrach ihn Konrad wütend. „Ich habe euch hierhergeführt. Ich weiß, was ich tue, und ich lass mich von einem blökenden Rasierpinsel nicht vollblubbern. Hast du das verstanden?"

„Aber –"

„Klappe halten", zischte Konrad und dann rief er den anderen zu: „Auf geht's!" Konrad sprintete los, dass seine Barthaare wehten und die Ladung auf seinem Rücken sich bedrohlich nach hinten neigte. Er grinste, als er bemerkte,

17

dass er die anderen weit hinter sich ließ. Rasch kam die rettende Öffnung näher. In Gedanken machte er es sich schon in Josefs Bar gemütlich. Dann hatte er die Stadt erreicht. Doch statt elegant durch das Tor zu preschen, blieb er plötzlich stecken wie ein Korken im Flaschenhals. Sein Schwung war dabei so groß, dass ihm die Augäpfel wie Riesenpilze aus den Höhlen glupschten und seine Zunge durch die Zähne hindurch um seine Nase schlabberte. Dann wurde er wie von einem Gummi zurückgeschleudert, titschte ein paar Mal mit dem Allerwertesten auf den harten Wüstenboden und kam in einer riesigen Staubwolke zum Liegen. Doch anstelle des Staubs sah Konrad Sternchen – eine ganze Galaxie voll.

Als er wieder zu sich kam, waren die anderen Tiere aus der Karawane verschwunden. Sie hatten es irgendwie geschafft, sich durch das Tor in Sicherheit zu bringen. Der Sturm war inzwischen ganz dicht und Sand bedeckte die dicken Packen von Ladung, die rechts und links von Konrad auf dem Boden lagen. Konrad war zu benommen, um sie zu bemerken. Verwirrt schüttelte er den Kopf und versuchte aufzustehen.

„Haft du dir wehgetan?", drang eine mitfühlende Stimme an sein Ohr.

Wenn schon nicht durch das Lispeln, so konnte Konrad spätestens durch den penetranten Geruch erahnen, wer dort zu ihm

18

sprach. „Was machst du denn noch hier?",
fragte Konrad und erhob sich stöhnend.
 „Ich dachte, du könnteft vielleicht ein wenig
Hilfe gebrauchen", erwiderte Elimar.
 „Hilfe? Von dir?", fragte Konrad, während
er schwankend auf die Beine kam. Langsam
wankte er auf das Tor zu.
 „Du muft Ballaft abwerfen", sagte Elimar
eindringlich und hoppelte neben ihm her. „Fo
pafft du nicht durch."
 „Ich bin ein Kamel", sagte Konrad würdevoll.
„Ich bin sogar das beste Lastkamel im Umkreis von 200 Meilen. Ich trage keinen Ballast.
Ich trage die wertvollsten Güter der gesamten

Karawane. Mit dem Preis für meinen Ballast könntest du dieses Stadttor da komplett vergolden lassen."

„Ift ja fön und gut", erwiderte der kleine Esel ungeduldig. „Aber der Fandfturm ift gleich hier, und wenn du daf Feug nicht fleunigft lofwirft, bleibt von dir nicht mehr übrig alf ein paniertef Kamelfnitfel."

Konrad warf einen nervösen Blick nach hinten. Der kleine Stinker hatte leider recht. Der Sturm war gewaltig und schon so dicht, dass er sich wie eine düstere Wand vor ihnen auftürmte. Es wurde wirklich Zeit, dass sie in die Stadt kamen. Mit einem ärgerlichen Knurren ging Konrad in die Knie und versuchte, sich robbend durch das Tor zu bewegen.

Es half nichts; er blieb stecken. Und hätte der kleine Esel nicht an seinem Schwanz gezogen, wäre er auch gar nicht wieder rausgekommen.

„Beim Eiterpickel meines Urgroßvaters ... So ein Mist!", schimpfte Konrad. Er warf einen Blick auf den kleinen Esel, der treuherzig zu ihm aufblickte. Dann knurrte er: „Hilf mir mal, das oberste Bündel abzuschnüren."

Das große Kamel kniete nieder, und der kleine Esel zerrte mit seinen wenigen verbliebenen Zähnen eifrig an dem Packen, bis die wertvolle Seide schließlich in den Staub fiel.

Konrad zuckte beinahe schmerzhaft zusammen, als Elimar den Stoff achtlos mit dem Huf

beiseiteschob und meinte: „Ich fürchte, daf
wird nicht reichen."

„Unsinn", knurrte Konrad und kroch auf das
Nadelöhr zu. „Mist", schimpfte er wenig später.
Das Paket war immer noch zu groß.

Noch zweimal musste Elimar das Paket ver-
kleinern, bevor Konrad endlich einsah, dass
seine wertvolle Last nicht zu retten war. Inzwischen heulte ihnen der Wind ordentlich um
die Ohren und der Sand peitschte ihnen ins
Gesicht. Konrad machte sich so klein wie möglich und quetschte sich durch das Nadelöhr.
Elimar schob und drückte aus Leibeskräften.
Und dann endlich mit einem lauten RATSCH
riss auch noch die kostbare Damastdecke von
Konrads Höcker, und er selbst flutschte nackt
und ramponiert durch das winzige Tor. Stol-
pernd und hustend folgte ihm Elimar. Rasch
brachten sich die beiden in einer engen Gasse
in Sicherheit. Dann hörten sie, wie auch das
Nadelöhr als letztes Tor geschlossen wurde.

Schweigend blieben die beiden stehen, während sie hin und wieder Sand ausspuckten.
Dann kniete Konrad nieder, bis er sich auf Au-
genhöhe mit dem kleinen Esel befand. „Ich ...
war ... ein Riesenidiot", sagte er stockend. „Und
du ... du bist ein echter Held, kleiner Esel. Wenn
ich irgendetwas tun kann, um das wiedergutzu-
machen, sag es mir."

„Och, na ja", druckste Elimar ein wenig verlegen herum. Solches Lob war er nicht gewohnt.

21

„Alfo, wenn du mir einen Gefallen tun willft ...
Ich habe noch nie einen Waffermelonenfake on
fe Rockf getrunken."

„Dann wird es Zeit, dass wir das ändern",
sagte Konrad ernst und zwinkerte Elimar zu.

Sie waren mit Abstand das seltsamste Paar,
das sich an diesem Abend in Josefs Bar ein-
fand. Es wurde viel getuschelt und hämisch
gegrinst. Doch zum ersten Mal in seinem Leben war es Konrad egal, was die anderen von
ihm dachten, denn heute hatte er erfahren,
was wirklich wichtig ist.

Einmal war Jesus ziemlich traurig, weil ein
reicher Mann, der eigentlich ein netter Kerl
war, nicht verstehen wollte, dass ihn sein
ganzer Reichtum von viel Wichtigerem ab-
hielt. Da sagte Jesus zu seinen Freunden:
„Ein Reicher hat es echt schwer, in die
neue Welt Gottes zu kommen. Das liegt
daran, dass sich bei ihm alles um die fal-
schen Sachen dreht. Eher noch quetscht
sich ein Kamel durchs Nadelöhr, als dass
ein Reicher kapiert, worauf es wirklich an-
kommt."

Nach Matthäus 19,24

Fiona, Elvis
und die Lemminge

Fiona die Füchsin lief rasch durch das hohe Gras am Fuße des Berges. Sie war mit Elvis dem Elch verabredet, ihrem besten Freund. Die beiden kannten sich noch aus Schulzeiten. Damals hatten sie in der letzten Reihe mit Stinkmorcheln Dauerpupsen gespielt und damit die streberhaften Rehe verärgert. Einmal hatten sie den Sitzstein von Brigitte Biber, der kurzsichtigen Mathelehrerin, gegen ein Stachelschwein eingetauscht. Aber die hatte so einen harten Po gehabt, dass sie es gar nicht bemerkt hatte. In jedem Fall war es eine lustige Zeit gewesen und die beiden Freunde hielten zusammen wie Harz und Borke.

„Elvis, Elvis!", rief Fiona schon von Weitem. Sie war ganz außer Atem.

„Ich bin ja hier. Keine Panik", erwiderte der Elch gutmütig und mümmelte an einem deftigen Batzen Gras.

„Es gibt neue Bewohner am großen Steilufer", japste Fiona aufgeregt.

„Hmhm", sagte Elvis.

„Ja, so kleine wuselige Viecher. Hunderte davon."

„Kleine wuselige Viecher?", fragte Elvis und runzelte die Stirn so stark, dass ihm sein Ge-

23

weih an den Ohren kitzelte. „Könntest du das vielleicht ein bisschen genauer beschreiben?"

„Na ja", sagte Fiona und kratzte sich mit der Hinterpfote am Kinn. „Sie nennen sich Lemminge und sehen ein bisschen so aus wie Kaninchen, denen ein kurzsichtiger Frisör versehentlich die Ohren abgeschnitten hat. Außerdem buddeln sie wie blöde Löcher in den Boden und haben irgendwie 'ne kleine Macke."

„Das ist doch nichts Besonderes", erwiderte Elvis freundlich. „Du hast doch auch 'ne kleine Macke."

„Ja, schon", entgegnete Fiona, „aber die haben echt eine voll krasse kleine Macke, verstehst du?"

„Eine voll krasse kleine Macke?", fragte Elvis.

Fiona nickte heftig.

„Ich glaube, die Burschen will ich mal kennenlernen."

„Na, dann komm mit, wir gehen sie besuchen!" Und schon peste Fiona los, dass ihre Haare nur so flogen und sie sich mit der Zunge fast am Hinterkopf lecken konnte. Elvis hatte große Mühe mitzuhalten, und das, obwohl er viel größer war als seine Freundin. Ein paar Kilometer später blieb Fiona schließlich mit quietschenden Pfoten stehen. Elvis konnte seinen Lauf nur stoppen, indem er eine kleine Birke rammte. Die Lemminge hatten ihre Tunnel nämlich sehr dicht am Steilhang gebaut.

24

Ein wenig verdutzt starrte der große Elch auf drei stämmige Nager, die im Gleichschritt anmarschiert kamen und einander so ähnlich sahen wie eine Kiefernadel der anderen. Ihr Fell war auf dem Rücken bräunlich und etwas heller am Bauch, so als hätten sie sich beim Comiclesen zu lange gesonnt. Doch das Merkwürdigste war, dass sie sich ihre kleinen Ohren grün gefärbt hatten.

„Hi, Jungs", sagte Fiona. „Ich heiße Fiona und das hier ist mein alter Kumpel Elvis. Wer seid ihr denn?"

„Ich bin Lemmi",

„Ich bin Lommi",

„Und ich heiße Lammi", erwiderten die drei.

„Oh, seid ihr Geschwister?", fragte Fiona.

„Nö", sagte Lemmi. „Lommi ist mein Cousin, also der Sohn von meinem Onkel Lummi und meiner Tante Limmi. Und Lommi hier ist der Schwippschwager vom angeheirateten Vetter meiner Tante Lümmi, die wiederum die Schwester von –"

„Äh, schon gut", unterbrach Fiona, „so genau wollt ich's eigentlich gar nicht wissen."

„Was hat euch eigentlich hierherverschlagen?", erkundigte sich Elvis.

„Wer hat wen geschlagen?", fragte Lommi (das heißt, vielleicht war's auch Lammi ... Lemmi war's jedenfalls nicht).

„Er will wissen, warum ihr hierhergezogen seid", erklärte Fiona.

25

„Ach so, na sag das doch gleich. Also, warum sind wir hier?" Er kratzte sich an den Ohren.

„Tja, keine Ahnung, die anderen sind losgezogen und wir hinterher."

„Ihr seid einfach so losgezogen?", fragte Fiona verblüfft.

„Ja, das machen wir immer so", erwiderte Lemmi ... äh Lammi.

„Ich will euch ja nicht zu nahe treten, aber warum habt ihr alle grün gefärbte Ohren?", fragte Elvis und kratzte sich mit dem Geweih die linke Schulter.

„Ha!", erwiderte Lemmi. „Die entscheidende Frage ist doch eher, warum ihr keine grün gefärbten Ohren habt. Ist euch das nicht ein bisschen peinlich?"

„Peinlich? Wieso peinlich?", fragte Elvis und kratzte sich nun verwirrt mit dem Geweih die rechte Schulter.

„O Mann, ich glaub's nicht. Ihr habt echt überhaupt keine Ahnung", bemerkte Lammi ein wenig herablassend, während die anderen beiden hinter vorgehaltenen Pfoten kicherten. „Naturfarbene Ohren sind total out! Grün ist mega-in. Kapiert?"

„Hä?", machte Fiona.

Lommi hüpfte vor und zupfte der verdutzten Füchsin am Ohr. „Rotbraun ist ein Flop, grün ist top. Hat's geschnackelt?"

Fiona sah Elvis an. Elvis sah Fiona an. Wenn man ganz genau hinguckte, konnte man sehen,

26

wie kleine Gedankenfragezeichen von ihren Gehirnen langsam in den blauen Himmel stiegen.

„Sagt mal", fragte Lommi (es könnte auch Lemmi gewesen sein). „Wo habt ihr eigentlich eure Wohntunnel?"

„Mein Bau ist dort drüben", erwiderte Fiona und deutete mit dem Kopf in Richtung Tal.

„Und ich habe weder einen Wohntunnel noch einen Bau", meinte Elvis.

„Was?", riefen die drei wie aus einem Munde. Dann musterten sie den Elch eingehend. „Sag mal, so ganz normal bist du nicht, oder?"

„Also, bis jetzt habe ich mich nicht für unnormal gehalten", erwiderte Elvis ein bisschen beleidigt.

Die drei stemmten die Pfoten in die Hüften und fingen an, miteinander zu tuscheln:

„O Mann, wo sind wir denn hier gelandet?"

„Das sind ja voll die Primitiven hier."

„Die haben ja überhaupt keine Ahnung."

„Wahrscheinlich fressen die ihr Gras noch ohne Petersilie."

„Ist ja ein Wunder, dass die überhaupt sprechen können."

„Du, Fiona", zischte Elvis seiner Freundin aus dem rechten Mundwinkel zu. „Habe ich irgendetwas Entscheidendes verpasst? Schlafen Elche jetzt in Wohntunneln?"

Fiona wisperte aus dem linken Mundwinkel zurück: „Wer oder was ist Petersilie?"

Lommi sagte gerade ziemlich überheblich zu Lemmi: „Bei der Rotfüchsin ist ja noch nicht alles verloren, die hat immerhin eine Ahnung davon, wie man heutzutage wohnt, aber bei dem Großen mit den dicken Ästen auf dem Kopf ist, glaube ich, nichts mehr zu machen. Der ist komplett von übervorgestern."

„He!", rief Elvis empört. „Das habe ich gehört!" Dann meinte er zu Fiona: „Sehr höflich sind die aber nicht!"

28

Plötzlich wurde es immer unruhiger im Lemmingendorf. Rufe wurden laut: „Achtung, es geht weiter. Alle bereit machen!"

„Oh", sagte Lommi, „wir müssen aufbrechen."

„Aufbrechen?", fragte Elvis entgeistert. „Aber ihr seid doch gerade erst angekommen."

„Na und?", erwiderte Lammi (ich bin mir jedenfalls ziemlich sicher, dass es Lammi war). „Du siehst doch, dass sich alle bereit machen."

„Aber warum?", fragte Fiona.

„O Mann, ihr seid aber wirklich schwer von Begriff", seufzte Lommi. „Wir brechen auf, weil alle aufbrechen, ist doch sonnenklar!"

„Ach, ist es das?", murmelte Elvis und starrte den Lemming an, als wäre der ein jodelndes Radieschen.

„Abmarsch!", rief einer der Lemminge.

„Abmarsch!", antworteten die anderen. Und dann – Fiona und Elvis wollten ihren Augen nicht trauen – rannte die ganze Horde auf den Abgrund zu und stürzte sich einer nach dem anderen in die Tiefe.

„Ja ... ja, spinnen die denn?", keuchte Fiona.

Hastig liefen die beiden Freunde an den Rand der Klippe und sahen zu, wie die ganze Meute von Lemmingen immer kleiner wurde und schließlich winzige weiße Schaumkronen hinterließ, als sie in einen Fluss platschten.

29

Kurz darauf sah man lauter kleine Punkte mal rechts und mal links in Richtung Ufer schwimmen.

Mit offenen Mäulern und tellergroßen Augen starrten die beiden Freunde den Lemmingen hinterher.

„Hm", brummte Elvis, als nichts mehr von den kleinen Nagern zu sehen war.

„Hm", erwiderte Fiona.

Gemeinsam machten sie sich an den Abstieg. Nach einer Weile fragte Fiona zaghaft: „Meinst du, grün gefärbte Ohren würden mir stehen?"

„Na klar", erwiderte Elvis.

Fiona kratzte sich nachdenklich am Kinn, dann trabte sie weiter. „Ich frage mich, wo die Typen die Farbe herhaben."

Eine Weile lief sie grübelnd neben Elvis her.

Dann fragte dieser säuselnd: „Fiona, würdest du mir einen Gefallen tun?"

„Logisch", meinte Fiona.

„Hilfst du mir, einen Wohntunnel zu graben?"

„Einen Wohntunnel? Für dich?" Fiona sah ihren Freund schräg von der Seite an. „Sag mal, bist du völlig übergeschnappt?"

„Nö", grinste Elvis, „aber ich muss ja irgendwie mithalten, wenn meine beste Freundin sich die Ohren grün färben will."

Nun musste auch Fiona grinsen. „Blödelch", meinte sie freundlich und knuffte ihren Freund in die Seite.

„Blödfuchs." Elvis knuffte zurück und Fiona flog in die Büsche. „Grün gefärbte Ohren … Also wirklich", schnaufte er.

„Gib es zu, du hast auch kurz daran gedacht, dir die Ohren zu färben", meinte Fiona und zwickte Elvis in den Po.

„Hab ich nicht", brummte Elvis und pupste.

„Hast du doch."

„Hab ich nicht."

Und so ging es noch eine ganze Weile weiter. Denn Fiona und Elvis waren zwar gute Freunde, aber sie hatten eben auch irgendwie eine kleine Macke.

Gott hat uns eine Grundregel gegeben. Sie lautet: „Liebe deinen Mitmenschen, so wie du dich selbst liebst, und handle anderen gegenüber so, wie du selbst behandelt werden möchtest!" Wer das macht, geht mit anderen Menschen so um, wie Gott es sich gedacht hat. Wenn wir aber anfangen, auf andere herabzusehen, weil sie uncoole Klamotten tragen, ein bisschen komisch aussehen oder einfach nur anders sind als wir, handeln wir unfair und haben schon gegen diese Grundregel verstoßen.

Nach Jakobus 2,8–9

Alex und Kalle
entdecken das Licht

Alex war eine Assel. Eine kleine, schwarzgraue Assel. Und er lebte mit seinem Clan, den Asselmelierten, in Asselhausen in einem schönen, feuchten und finsteren Loch irgendwo im längst vergessenen Keller eines verlassenen Hauses. Asselhausen lag so tief unter der Erde verborgen, dass keiner seiner Bewohner jemals einen Funken Licht gesehen hatte. Die Meisten der Asselmelierten glaubten nicht einmal, dass es das Licht überhaupt gab. Aber Alex war schon immer eine besonders neugierige Assel gewesen und gab sich damit nicht zufrieden. So beschloss er, eines Tages loszuwandern und das Licht zu suchen.

Er hatte Asselhausen gerade hinter sich gelassen, als er auf einmal ein Geräusch hörte.

„Wer da?", fragte er mit zittriger Stimme.

„Hey, keine Sorge, alter Kumpel", erwiderte eine fröhliche Stimme. „Ich mach mir nichts aus Asseln, Mann. Ich bin Kalle, Kalle die Kakerlake, Kollege. Und was hat deine Mama vor Schreck geschrien, als du aus'm Ei geschlüpft bist?"

„Hä?", fragte Alex.

„Bist wohl auch nicht der Hellste, was? Dein Name, Mann! Wie heißt du? Spuck's aus, zier dich nicht."

„Äh ... Alex."

„Aha", sagte Kalle. „Und was treibst du hier so?"

„Ich suche das Licht", entgegnete Alex.

„Ey, cool, Mann! Klasse! Hört sich gut an", erwiderte Kalle, „... und was ist das ... Licht?"

„Äh ... das is'n bisschen schwer zu erklären. Aber ich habe gehört, dass es toll sein soll. Man findet es irgendwo an der Oberfläche."

„An der Oberfläche? Super, da war ich noch nie. Weißt du was? Ich denke, da komm ich mal mit, hab eh nichts Besseres vor. Immer hier so im Loch abhängen ist sowieso uncool. Freu dich, Mann, ich bin dabei."

Und noch ehe der arme Alex sich versah, hatte Kalle ihn am Fühler gepackt und zerrte ihn hinter sich her.

„He, nicht so schnell!", rief Alex. „Ich bin nur 'ne Assel."

„Ey, sorry, Mann. Bist'n bisschen kurz, was? Ich dachte nur, wenn wir uns beeilen, sind wir rechtzeitig zum Abendbrot wieder zurück."

Alex seufzte. Kalle war nicht unbedingt der Weggefährte, den er sich ausgesucht hätte. Aber er war dennoch froh, nicht alleine zu sein.

Stunde um Stunde waren sie unterwegs. Da bemerkte Alex auf einmal, dass sich etwas veränderte. Das Schwarz, das ihn all die Jahre umgeben hatte, wurde auf einmal zu grauen Mustern. „Das gibt's doch nicht!", rief er aus.

34

„Hä, was is'n los? Was haste denn?", fragte Kalle.

„Ich kann sehen!", rief Alex.

„Sehen? Wie, sehen?"

„Na sieh doch hin!", sagte Alex.

„O Mann!", rief Kalle plötzlich aus. „Ich glaub, mich knutscht 'ne Maulwurfsgrille! Ich kann sehen! Ich kann tatsächlich sehen! Ha! Vatis Junior hat voll den Durchblick! Ich fass es nicht."

„Schau mal!", rief Alex begeistert. „Da vorne wird es noch heller. Komm, das sehen wir uns genauer an."

Die beiden mussten sich ganz schön anstrengen. Doch schließlich krabbelten sie durch eine Ritze auf den staubigen Dielenboden des Hauses. Auf einmal war es so hell, dass sie die Augen zusammenkneifen mussten.

„O Mann", keuchte Kalle. „Das ist echt irre hier, was?"

Alex schnaufte nur zustimmend. Es war fantastisch. Die ganze weite Ebene war in silbernes Licht getaucht und die Staubkörner funkelten wie Diamanten. Begeistert wanderten die beiden über den Boden. Auf einmal zuckte Alex erschrocken zusammen. Beinahe wäre er in ein riesiges Spinnennetz gelaufen. Er hatte es gerade noch rechtzeitig gesehen. Als er genauer hinschaute und erkannte, was darin für dunkle, in Spinnenfäden eingewickelte Klumpen hingen, musste er schlucken. Es war nicht nur schön, was das Licht ihm offenbarte.

„He, komm mal hier rüber!", rief Kalle. „Ich hab Wasser gefunden. Und da schwimmt 'n merkwürdiges Vieh drin rum, potthässlich, wenn du mich fragst."

Rasch eilte Alex hinüber.

Kalle starrte auf einen großen Wassertropfen, der sich aufwölbte wie eine Käseglocke. „Ist ja voll abgefahrn, der hat ja 'ne Visage wie'n platt getretener Regenwurm, an dem die Ameisen schon genagt haben. Ja, du, von dir rede ich!", knurrte er den Tropfen an. „Glotz nicht so blöd."

Alex sah auf den Wassertropfen, dann blickte er seinen neuen Freund an und sah wieder auf den Wassertropfen. „Du, Kalle", sagte er.

„Ja, was?", fragte dieser abgelenkt. Dabei erhob er drohend die rechte Vorderkralle.

„Kalle?"

„Guck dir das an, jetzt wird der Typ auch noch frech", zischte die Kakerlake.

„Kalle!", rief Alex jetzt ein wenig lauter. „Das bist du selbst!"

„Hä, was?", fragte Kalle und sah dabei nicht besonders intelligent aus.

„Grins ihn mal an", sagte Alex.

Kalle tat wie geheißen und sagte dann verblüfft: „Hey, das gibt's doch nicht, der Typ smiled hier total ab. Eben hat der noch einen auf ‚Ich-ramm-dir-gleich-deine-Kauleiste-in-die-Gurgel' gemacht und jetzt lacht der sich schlapp."

36

„Ja, und jetzt redet er, wackelt mit dem Fühler und guckt dumm", ergänzte Alex. „Merkst du nicht, dass der genau dasselbe macht wie du? Das ist so 'ne Art bewegliche Statue von dir."

„O Mann, cool!", erwiderte Kalle und starrte ins Wasser. Nach einer kurzen Pause meinte er, ohne rot zu werden: „Sieht eigentlich gar

nicht so schlecht aus, mein Statuending. Und wie gefällst du dir?"

Erst jetzt bemerkte Alex sein eigenes Spiegelbild. „Nun ja, also ..." Wenn er ehrlich war, er sah ziemlich ... ziemlich nach einer ... Assel aus. Klein, dunkelgrau und irgendwie ein bisschen unscheinbar. Stirnrunzelnd kratzte er sich mit dem Fühler am Kinn. Irgendwie hatte er gehofft, das Licht würde ihn ein bisschen großartiger und beeindruckender erscheinen lassen – weniger „asselig". Nachdenklich ging er ein Stück von dem Wassertropfen weg, an dem Kalle gerade die merkwürdigsten Verrenkungen vollführte und staunte, dass dieses Statuending das alles mitmachte.

Das mit dem Licht war irgendwie eine zweischneidige Sache, fand Alex. Es zeigte ihm nicht nur das, was er sehen wollte. Zwar konnte er jetzt all das Schöne sehen, alles andere aber auch. Und während er so grübelnd vor sich hin schlurfte, wanderte sein Blick wie von selbst nach oben, und dann blieb ihm vor Staunen der Mund offen stehen. Ganz weit oben im Dach waren morsche Bretter und Schindeln zerbrochen, sodass man den Himmel sehen konnte. Einen wunderbaren, klaren, strahlenden Sternenhimmel.

„Kalle", wisperte er. „Kalle, komm mal her."

Plappernd stapfte die Kakerlake zu ihm hinüber, dann richtete Kalle seinen Blick ebenfalls nach oben, so wie Alex, und rief: „Cooool!"

38

„Es ist wunderschön, nicht wahr?", meinte
Alex.

„Das kann man wohl sagen! Was für 'ne Op-
tik. Da kriegt man glatt Herzkammerflimmern.
Weißt du, so'n ähnliches Gefühl hatte ich das
letzte Mal auf 'ner Party. Da habe ich 'ne süße
Schabe getroffen, du glaubst es nicht. Fühler
so seidig und biegsam wie ..."

Lächelnd betrachtete Alex seinen munter
plaudernden neuen Freund. Dann nach einer
Weile sagte er: „Kalle?"

„Ja."

„Du hast Schaum vor'm Mund."

„Wie, was? Oh." Hastig wischte sich die Kakerlake mit der Vorderkralle die Schnauze.
„Kommt vom Reden, weißt du? Meine Groß-
mutter mütterlicherseits –"

„Kalle!", unterbrach Alex ihn.

„Was?"

„Halt die Klappe!", meinte Alex lächelnd.

Einen Moment lang glotzte Kalle ihn mit of-
fenem Maul an, dann grinste er verlegen, legte
seinem Freund den Fühler über den Rücken-
panzer und gemeinsam schauten die beiden
durch die vermoderten Dachsparren des Hauses hinauf zu den Sternen.

In der Bibel steht, dass Jesus das Licht der Welt ist. Damit ist gemeint, dass diejenigen, die mit ihm zusammenkommen, nicht mehr wie im Dunkeln umherirren, sondern verstehen, dass es Gott gibt und dass er einen Plan für ihr Leben hat. Wer mit Jesus lebt, wird Stück für Stück erkennen und erleben, wie Gott eigentlich ist, und so die Welt und sich selbst mit anderen Augen sehen.

Nach Johannes 8,12

Charlie
und der Hirte

Charlie das Schaf war sauer, stinksauer. Innerlich dachte er: *Ihr könnt mir alle mal meine flaumige Kehrseite abschlabbern.* Immer machten ihm die anderen Vorschriften: „Du darfst dies nicht, du darfst das nicht"; „Der Hirte hat aber gesagt ..." und so weiter und so weiter.

Allmählich hatte er die Nase gründlich voll. Am schlimmsten war Meckerminni, die alte Petze. Aber die anderen 98 waren auch nicht viel besser.

Charlie gehörte nämlich einem Hirten, der genau hundert Schafe hatte. Eigentlich ging es Charlie gar nicht so schlecht in seiner Herde, aber darüber wollte er überhaupt nicht nachdenken. Er war nämlich sauer, stinksauer. Er hatte sich ganz furchtbar mit den anderen gestritten. Zwar konnte er sich nicht mehr so recht erinnern, worum es in diesem Streit eigentlich gegangen war, aber er wusste noch ganz genau, dass er recht gehabt hatte.

Er sonderte sich von den anderen ab und schlich an den Rändern der Weide entlang. Und schließlich entdeckte er etwas Interessantes. War da nicht ein Loch im Zaun? Neugierig trabte er näher. Tatsache, ein dickes, fettes, genau charlieschafgroßes Loch. Wenn das kein Wink des Schicksals war?!

41

Du darfst da nicht durch, würde Meckerminni jetzt garantiert sagen. *Das hat der Hirte verboten.*

Pah, dachte er sich. *Wenn das dem Hirten wirklich so wichtig wäre, hätte er kein Loch im Zaun gelassen.* Vorsichtig sah er sich um. Niemand schaute zu ihm herüber und – schwupp – schon war er durch das Loch geschlüpft. Er brauchte gar nicht weit zu gehen, da bekam er vor Staunen Augen, so groß wie Untertassen. Unglaublich – ein riesiger Gemüsegarten voll von den leckersten und saftigsten grünen Blättern! Sofort machte sich Charlie an die Arbeit und schlug sich den Wanst voll, bis ihm der Spinat fast aus den Ohren wieder rauskroch und der Sellerie ihm beinahe aus der Nase guckte.

Plötzlich schreckte ihn ein schriller Schrei aus seiner Schlemmerei. „Charlie! Charlie, was tust du da?"

O nein!, durchzuckte es Charlie.

„Das sag ich dem Hirten!", fauchte Meckerminni und im nächsten Moment galoppierte sie schon laut blökend auf die Weide zurück.

„So ein Mist", schimpfte Charlie, verließ den Spinat und schlug sich an den Kohlköpfen vorbei, quer durch den Salat. *Nix wie weg,* dachte er und rannte, so schnell es seine kurzen Beine und sein vollgefressener Bauch zuließen, davon.

Charlie rannte und rannte, und als er schließlich nicht mehr konnte und mit Seiten-

42

stichen und hechelnder Zunge stehen blieb, wusste er nicht mehr, wo er war. Alles sah so fremd aus. Die grünen Wiesen waren verschwunden, stattdessen ragten hohe, kahle Felswände um ihn herum in den Himmel auf und unter seinen Hufen knirschte Geröll. Es sah ein bisschen unheimlich aus.

Vorsichtig lief er weiter. Was sollte er jetzt tun? Umkehren? Er dachte an die keifende Meckerminni, an die vorwurfsvollen Blicke all der anderen und an den Hirten, der garantiert supersauer war, weil Charlie den Garten verwüstet hatte. Nein, nein, da war es hier doch allemal besser – ein bisschen kahl vielleicht, aber wenigstens ließ man ihn in Ruhe.

Und so stapfte Charlie weiter. Als es anfing zu dämmern, fühlte er sich auf einmal furchtbar einsam. Um sich Mut zu machen, versuchte er, ein Lied zu pfeifen, aber es wollte ihm nicht recht gelingen. Charlie war nicht der Musikalischste und seine aufkeimende Furcht machte es nicht besser. Sein Pfeifen hörte sich in etwa an wie ein pupsender Ochsenfrosch, der in einen Teller mit Bohnensuppe gefallen ist. Also ließ er das mit dem Pfeifen lieber bleiben. Stattdessen begann er, sich große Sorgen zu machen. Wo sollte er nur hin?!

Schließlich wurde es immer dunkler und Charlie konnte kaum noch den Huf vor Augen sehen. Er kroch in einen dunklen Spalt und

43

legte sich auf den kalten Boden. Der Felsspalt war recht tief und glich einer Höhle. *Wenigstens bin ich hier einigermaßen sicher,* dachte Charlie.

Aber das war, bevor er die Wölfe zum ersten Mal hörte!

Der Schreck fuhr Charlie durch alle Glieder, als er das hungrige Heulen vernahm, mit dem der Leitwolf sein Rudel zur Jagd rief. *O nein!,* war alles, was Charlie denken konnte, und dann kauerte er sich zusammen und kniff die Augen zu wie ein kleines, dummes Lamm, das glaubt, niemand könne es sehen, wenn es selber auch nichts sieht.

Das nächste Heulen klang schon näher. Geröll polterte irgendwo in dem schmalen Tal. Wieder ein Heulen. Charlie öffnete die Augen nur ein winziges bisschen. Inzwischen war der Mond aufgegangen und tauchte die trostlose Welt vor seinem Versteck in düsteres Licht. Nicht weit entfernt glaubte Charlie, dunkle Schatten durch die Nacht huschen zu sehen. Sofort schloss er die Augen wieder. „Ich Idiot! Ich Volltrottel! Ich Riesenhornochse!", murmelte er lautlos vor sich hin. „Wäre ich doch nie abgehauen."

Plötzlich ertönte ein tiefes, grausames Knurren ganz dicht bei ihm. Charlie erstarrte und versuchte, sich so klein wie möglich zu machen. Kurz hörte es sich so an, als würden Pfoten schnell davonlaufen, doch dann knirschte Geröll, direkt vor dem Felsspalt.

44

Charlie rechnete jeden Augenblick damit, den stinkenden Atem eines Wolfrachens zu riechen und scharfe Reißzähne in seinem Nacken zu spüren.

Etwas Riesiges beugte sich über ihn.

„Da bist du ja, Charlie. Ich habe dich überall gesucht."

Vor Erleichterung quiekte Charlie wie ein neugeborenes Ferkel.

„Der Hirte! Es ist tatsächlich der Hirte, er hat nach mir gesucht. Ich bin gerettet!", blökte er

erleichtert. Charlie konnte sein Glück kaum fassen.

Sanft wurde er von starken Armen emporgehoben. Von der Schulter seines Herrn aus sah die Welt auf einmal ganz anders aus. Die Wölfe hatten sich irgendwo in die Nacht verzogen, ihr Heulen klang nun gar nicht mehr so grausam, sondern eher ein bisschen beleidigt.

Er mag mich. Der Hirte mag mich, trotz allem!, dachte Charlie und staunte, während er es gleichzeitig genoss, dass dieser ihn hinter dem Ohr kraulte. Ganz gemütlich wanderte der Hirte mit ihm den weiten Weg zurück.

Und Charlie? Charlie fühlte sich in dieser Nacht wie das wichtigste, ja, wie das einzige Schaf auf der ganzen Welt.

Und wisst ihr was? Er hatte sogar fast recht damit.

Jesus erzählte einmal folgendes Gleichnis: „Stellt euch einen Mann vor, der hundert Schafe hat. Was macht er wohl, wenn eins davon wegläuft? Ich will es euch verraten: Er lässt die neunundneunzig anderen zurück, um das verirrte Schaf zu suchen. Und wenn er es endlich gefunden hat, dann freut er sich über dieses eine mehr als über die neunundneunzig, die sich nicht verlaufen haben. Dem Hirten ist jedes einzelne seiner Schafe superwichtig. Und genauso ist für Gott jeder einzelne Mensch superwichtig. Er sorgt sich um uns wie ein liebevoller Vater. Und deshalb will er nicht, dass auch nur einer, und sei es auch der Kleinste und Unscheinbarste, verloren geht."

Nach Matthäus 18,12–14

Philipp Fusselbirne
und der Marathon der Weberknechte

Die beiden Weberknechte Philipp Fusselbirne und Steffi Stinkesocke spazierten gerade die Amöbenpromenade entlang, als sie auf einmal eine große Ansammlung von anderen Weberknechten entdeckten, die aufgeregt miteinander tuschelten.

„Alle mal herhören! Alle mal herhören!", rief jemand laut. Es war Alois Altölkanister. Mit seinen schlaksigen Beinen erklomm er einen verbeulten Fingerhut, sodass er von allen gut zu sehen war.

An dieser Stelle sollte ich besser noch eine Anmerkung machen: Vielleicht wundert ihr euch über die merkwürdigen Namen der Weberknechte, aber bei denen ist es so üblich, dass sie nach dem Ort benannt werden, an dem sie geboren wurden. Bei Alois war es eben ein Altölkanister, Steffi erblickte das Licht der Welt in der alten Socke eines achtjährigen Jungen – der sich ungern duschte –, und Philipps Geburtsort war die Perücke einer aussortierten Schaufensterpuppe.

„Alle mal herhören!", rief Alois noch einmal und winkte mit seinen langen Kieferklauen. „In genau vier Wochen startet der große Weberknechtmarathon quer durch den Hoppelgarten bis zum olympischen Spinnentierstadion."

„Typisch Alois", murmelte Philipp Fusselbirne Steffi Stinkesocke zu. „Immer muss sich Herr Altölkanister wichtigmachen."

„Psst", zischte Steffi. „Es geht noch weiter."

„Dem Sieger winkt eine Leibrente von einer unverdauten Fruchtfliege wöchentlich bis an sein Lebensende."

„Hey!" Steffi knuffte Philipp mit ihrem Lieblingsvorderbein in den Bauch. „Das hört sich doch interessant an, oder?"

„In der Tat", brummte Philipp und kratzte sich mit der Kieferklaue zwischen den Augenhügeln. Dann grinste er breit. „Das hört sich sogar richtig gut an. Nie wieder arbeiten! Jede Woche eine schöne aromatische Fruchtfliege ... Herrlich. Ich glaub, da mach ich mit."

„Ich auch! Ich auch!" Begeistert hüpfte Steffi wie eine wild gewordene Sprungfeder auf und ab.

„Und wie steht's mit deinem Laufstil?", unterbrach Philipp Fusselbirne sie. „Immerhin muss man ja gewinnen."

„Ach ja ..." Steffi hörte so abrupt auf zu hüpfen, dass ihre Gelenke ein protestierendes Quietschen von sich gaben. „Ich glaub, da muss ich noch ein wenig üben."

Philipp Fusselbirne nickte und lächelte dabei ein bisschen überheblich.

„Am besten, ich fang gleich an zu trainieren", sagte Steffi Stinkesocke, die sich in ih-

50

rer Begeisterung nicht bremsen lassen wollte. „Machst du mit?"

„Später vielleicht." Philipp runzelte die Augenhügel und winkte mit der linken Kieferklaue ab. „Lauf am besten schon mal vor."

„Okay." Und schon peste Steffi los, so schnell, dass sich ihre elend langen Beine beinahe ineinander verhedderten.

„So wird das nie etwas", murmelte Philipp kopfschüttelnd. „Da muss man sich professionell vorbereiten." Dann wandte er sich ab und marschierte in die große Spinnentierbibliothek südlich der Biomülltonne. Als er wieder herauskam, hatte er sich so viele Bücher unter die Achseln geklemmt, dass er fast in die Knie ging. Am schwersten war die große Enzyklopädie des Laufens von Lolita Luftpumpe und Peter Putzlappen. Philipp brauchte fast den ganzen Tag und die halbe Nacht, um seine Lektüre einigermaßen zu sortieren. Als er morgens auf seiner Löwenzahnterrasse saß, einen Becher Tümpeltee schlürfte und Rudi Radieschens Anmerkungen über den perfekten Laufstil las, joggte Steffi mit knirschenden Gelenken vorbei. Ihr Kopf war so rot wie eine holländische Tomate und ihre Beine zitterten wie Wackelpudding.

„Na, wie läuft's?", rief Philipp ihr zu und konnte sich ein leichtes Schmunzeln über sein gelungenes Wortspiel nicht verkneifen.

Steffi hatte zum Sprechen keine Luft mehr übrig.

51

Eine Woche später, Philipp Fusselbirne mixte sich gerade seinen probiotischen Muskelaufbau-Sojadrink, joggte Steffi schon etwas entspannter vorbei. Sie schnaufte zwar noch immer wie ein wütender Dampfkessel, aber immerhin brachte sie ein gekeuchtes „Moin" zustande. Philipp schüttelte nur den Kopf über ihr stümperhaftes Training und schlürfte seinen Sojadrink.

Zwei Wochen vor Startbeginn hatte Philipp bereits blutunterlaufene Augen vom vielen Lesen. Etwas ungeduldig wartete er auf seine Hightech-Laufschuhe, die er sich im zwei Kilometer entfernten Tropeninstitut bestellt hatte, wo japanische Moskitos im Heizungskeller einer Autowerkstatt einen riesigen Konzern für Sportartikel und vollautomatische Musikgrillen gegründet hatten.

„Guten Morgen!", rief ihm Steffi Stinkesocke zu, die nun beinahe leichtfüßig an ihm vorbeitrabte.

„Morgen", brummte Philipp und vertiefte sich in Ludwig Lutschers Lexikon der Langlauflatschen.

Eine Woche vor dem Rennen hatte Philipp sein Trainingsprogramm beinahe fertig. Er war noch dabei, seine persönliche Leistungskurve zu berechnen. Sie war erstaunlich flach und endete bereits um 9:45 Uhr, zwanzig Minuten nach dem Morgentee.

„Einen wunderschönen guten Morgen, Philipp", flötete ihm Steffi zu. Sie joggte locker

52

und entspannt mit einem fröhlichen Lied auf den Lippen an ihm vorbei.

Philipp verkniff sich eine Antwort.

Am Tag des großen Rennens stellte sich Philipp Fusselbirne ein wenig nervös an der Startlinie auf. Zwar war sein Trainingsplan gestern fertig geworden, aber da war es fürs Üben schon ein bisschen spät gewesen. Nun gluckerte sein Magen von der vielen Sojamilch und die Laufschuhe scheuerten an seiner Ferse. Die ganze Nacht hatte er sich eine Taktik zurechtgelegt. Er würde die Gegner gleich am Anfang mit einem Sprint schocken, dann etwas Ruhe ins Rennen bringen und erst zum Schl–

„Und los!"

Na, so was, da hätte er beinahe den Start verpasst. Mit quietschenden Schuhen flitzte er los. Grinsend sauste er an Steffi vorbei und setzte sich an die Spitze der Gruppe. Leider dauerte dieser Triumph nur eine halbe Minute. Schon nach fünfzig Schritten spürte er, wie der Schweiß ihm in Strömen über den Körper lief, und er keuchte wie ein asthmakrankes Walross. Zu allem Überfluss gaben die bekloppten Hightech-Schuhe ihren Geist auf und verloren ihre Sohlen. „Diese blöden Moskitos", schimpfte er vor sich hin. „Kein Wunder – was verstehen die schon vom Laufen? Die fliegen ja die ganze Zeit."

Leichtfüßig trabte Steffi an ihm vorbei. „Alles okay? Geht's dir gut?", fragte sie freundlich.

„Wunderbar", schnaufte Philipp mit hochrotem Kopf. „Das ist alles nur Taktik."

Einer nach dem anderen zogen die anderen Weberknechte an ihm vorbei. Mit zusammengebissenen Kieferklauen schleppte sich Philipp – inzwischen im Schneckentempo – weiter. Ein alter Kriegsveteran, der zwei seiner 8 Beine verloren hatte und einen halbierten Zahnstocher als Krücke benutzte, überholte ihn auf der rechten Seite, ein beinahe frisch geschlüpftes Weberknechtbaby, das heulend nach seiner Mama suchte, auf der linken Seite. Aber erst als eine Kolonne Weinbergschnecken mit den orangefarbenen Blütenkelchen der Stadtreinigung an ihm vorbeizog, um die weggeworfenen Trinkbecher der Läufer einzusammeln, gab er auf.

„Was habe ich nur falsch gemacht?", schnaufte er, nach Atem ringend, vor sich hin, während er humpelnd und mit furchtbaren Seitenstichen nach Hause schlurfte. Aus weiter Ferne konnte er hören, wie der Sprecher des olympischen Spinnentierstadions in sein Mikrofon rief: „Und die Siegerin des heutigen Tages ist ... Steffi Stinkesocke! Zum ersten Mal dabei und gleich gewonnen! Wer hätte das gedacht? Frau Stinkesocke, meinen allerherzlichsten Glückwunsch ..."

Den Rest hörte Philipp Fusselbirne nicht mehr, was wohl daran lag, dass er es vorgezogen hatte, vor Erschöpfung und Wut in Ohnmacht zu fallen.

Natürlich ist es eine prima Sache, wenn ihr euch mit Gottes Wort beschäftigt. Aber es genügt nicht, nur in der Bibel zu lesen oder in den Gottesdienst zu gehen. Ihr müsst auch danach handeln. Denn Gott will ja nicht nur, dass ihr von ihm hört, sondern auch und vor allem, dass ihr mit ihm lebt, ihm vertraut und anderen Menschen liebevoll begegnet. Alles andere ist Selbstbetrug.

Nach Jakobus 1,22

Lars und die Legende vom Meer

Voller Panik schwamm Lars der kleine Lachs hin und her. „Wo seid ihr? Wo seid ihr?", rief er. Doch er hörte keine Antwort. „Das kann doch nicht wahr sein!", murmelte er entsetzt. „Sind sie etwa ohne mich aufgebrochen?" Hektisch sauste er durchs Wasser, drehte jeden Kieselstein um und schaute hinter jede Alge.

Nichts! Sie waren weg!

Mit schnaufenden Kiemen hielt er inne und ließ sich auf den Grund sinken. *Lars, der Träumer, haben sie immer zu mir gesagt,* dachte er verzweifelt. *Und sie hatten damit wohl vollkommen recht. Ich Vollidiot habe den Aufbruch verschlafen.*

All seine Geschwister waren ohne ihn losgeschwommen, hatten sich ohne ihn auf die Reise gemacht. Am liebsten wäre Lars jetzt in Tränen ausgebrochen. Doch Fische können nicht weinen – würde ja auch keiner merken im Wasser. Also verzog er lediglich die Lippen und jammerte still vor sich hin.

Eine Unterwasserschnecke kroch mit fragendem Blick an ihm vorbei. Lars schaute weg. Jemand, der sein Zuhause auf dem Rücken schleppte, würde ihn kaum verstehen können. Außerdem waren Schnecken furchtbar besserwisserisch.

„Na, mein Kleiner, was ist denn mit dir los?",
meldete sich plötzlich eine tiefe Stimme neben
ihm.

Erschrocken fuhr Lars herum und sah einen
untersetzten, breitmauligen Fisch mit triefi-
gen, fast zugeschwollenen Augen behäbig vor
sich im Wasser dümpeln. Merkwürdigerweise
hatte er dicke faserige Algen um seinen Hals
geschlungen. „Wer bist du denn?", fragte Lars
und starrte den seltsamen Fisch mit großen
Augen an.

„Karl, Karl der Karpfen. Und wer bist du?"

„Ich bin Lars der Lachs", erwiderte Lars.

„Und ich bin Chantal", meldete sich un-
gefragt eine etwas schleimige Stimme vom
Grund. „Chantal die Schnecke."

„Ich suche meine Geschwister", wandte Lars
sich an Karl. „Hast du sie vielleicht gesehen?"

Der Karpfen schüttelte würdevoll den Kopf.
„Nein, das tut mir sehr leid. Ich bin seit Stunden niemandem begegnet."

„Äh, ich möchte keineswegs unhöflich sein,
Karl", meldete sich Chantal die Schnecke zu
Wort, „aber ist dir schon aufgefallen, dass
du da einige Algen um den Hals geschlungen
hast?"

„Das ist mein Schal", erwiderte Karl und
nieste. „Es zieht hier immer so furchtbar
kühl an der Quelle." Dann wandte er sich an
Lars. „Weißt du denn, wo deine Familie hin-
wollte?"

„Sie sind bestimmt auf dem Weg ins Traumland", erwiderte Lars traurig. „Und ich weiß nicht, wie ich dort hinkommen kann."

„Traumland? Was ist denn das für ein Unsinn?", fragte Chantal und lächelte herablassend.

„Es ist riesig groß, ganz ohne trockene Ufer. Unendlich viele Fische gibt es dort und tolle bunte Pflanzen. Es gibt sogar Riesenfische, die im Trockenen atmen. Und das Wasser schmeckt salzig und wild."

„Salzig und wild?", fragte Karl und runzelte die Stirn.

„Armer Junge", meinte Chantal und sah dabei sehr altklug aus. „Man hat ihm die Legende vom Meer erzählt, und nun glaubt er, dass es diesen Ort wirklich gibt."

„Meer heißt es also", sagte Lars begeistert, ohne darauf zu achten, was die Schnecke sonst noch sagte. „Kennst du das Meer?", wandte er sich aufgeregt an den Karpfen. „Kannst du mir sagen, wie ich dahin komme?"

„Hm", sagte Karl nachdenklich. „Ich fürchte, die Schnecke hat ausnahmsweise recht ..."

„Was heißt hier ausnahmsweise?", empörte sich Chantal. „Ich habe bei Dr. Urschleim an der Weichtierakademie studiert und habe ein Diplom in –"

„Das ist jetzt unwichtig", unterbrach der Karpfen sie. „Siehst du nicht, dass der Junge vollkommen durcheinander ist?" Dann fuhr er,

59

an Lars gewandt, fort: „Das Meer ist nur eine Idee, ein schöner Gedanke, mehr nicht." Ernst sah er Lars in die Augen. „So einen Ort gibt es nicht!"

Lars' Magen krampfte sich zusammen, als hätte er eine eiskalte Murmel verschluckt. „Aber alle meine Geschwister haben auch an das Traumland geglaubt ..."

„Ja, Kinder haben viele Träume", sagte Karl weise. „Es wird wohl Zeit, dass du erwachsen wirst. Ich bin ein alter Karpfen und schon viel im Wasser herumgeschwommen, aber glaube mir, so etwas wie das Meer habe ich noch nie gesehen."

„Dr. Urschleim meint, das Meer sei ein Bild unserer unerfüllten Wünsche", meldete sich Chantal erneut zu Wort.

„Das Meer gibt es nicht?", murmelte Lars vor sich hin. „Aber das kann doch nicht sein ..."

„Es ist nur ein Traum", meinte Karl und lächelte mitleidig. „Aber ganz in der Nähe gibt es einen wundervollen, großen Weiher. Dort wohne ich, und glaub mir, bei mir ist es fast genauso schön wie in deinem Meer. Komm, ich zeige ihn dir." Tröstend legte er dem kleinen Lachs die Flosse auf den Rücken.

Lars schöpfte neue Hoffnung. Also gab es das Traumland doch, es war nur ein kleines bisschen anders.

Kopfschüttelnd sah Chantal die Schnecke den beiden hinterher. „Traumland – so ein

60

Unfug! Dr. Urschleim würde sich im Grabe umdrehen, wenn er wüsste, was die kleinen Fische so alles glauben."

Karl der Karpfen und Lars der Lachs ließen die schimpfende Schnecke hinter sich.

„Dieser Weiher – hat der auch bunte Pflanzen?", fragte Lars, während sie flussabwärts schwammen.

„Nicht direkt", gab Karl zu. „Aber die Algen sind dort besonders schön grün."

„Und gibt es Riesenfische dort? Welche, die im Trockenen atmen?"

„Das nicht", sagte Karl. „Aber es gibt dort Frösche, die auch im Trocknen atmen."

„Und wie schmeckt das Wasser?", hakte Lars nach. „Ist es salzig und kühl und wild?"

„Nun ja, für meinen Geschmack ist es manchmal etwas zu kühl", erwiderte Karl. „Und nun lass mal gut sein, du wirst schon sehen."

Viele Stunden waren sie unterwegs. Der Fluss teilte sich und sie folgten einem Seitenarm. Das Wasser floss immer träger dahin und das Flussbett öffnete sich zu einer flachen, etwas breiteren Wanne. Hier gab es fast keine Strömung mehr und winzige Algen färbten das Wasser dunkelgrün.

„Das soll das Meer sein?", fragte Lars enttäuscht. „Das ist doch nur ein großer, muffiger Tümpel."

„Also wirklich", beschwerte sich Karl. „Das ist ein wundervoller Weiher. Hier wachsen See-

61

rosen und Armleuchteralgen und es ist mein Zuhause!"

„Aber es ist überhaupt nicht wie das Meer!"

„Ich sagte doch bereits: Das Meer gibt es nicht!", meinte Karl mürrisch. Offensichtlich war er beleidigt, weil Lars sein Zuhause nicht zu schätzen wusste.

„Nanu, wer kommt mich denn um diese Zeit besuchen?", meldete sich eine merkwürdige Gestalt zu Wort.

Verblüfft sah Lars das vielgliedrige, seltsame Wesen an. Es hatte statt Flossen acht Beine und zwei Arme, die in Zangen endeten. In der rechten Zange hielt es eine abgebrochene Muschelschale, mit der es sich frisches Wasser zufächelte. „Wer bist'n du?", fragte Lars.

„Ich bin Edith die Edelkrebsin, mein Herzchen. Karl, was hast du denn da für ein süßes Fischlein angeschleppt?"

„Das ist Lars der Lachs, und er glaubt tatsächlich noch ans Meer."

„Ach ja, die Legende vom Meer", seufzte Edith. „Als kleine Krebsin habe ich besonders gern das Märchen vom Stör und den sieben Krabben gehört; es spielt auch im Meer und ist so wundervoll gruselig."

„Gibt es das Meer denn nun oder nicht?", fragte Lars.

Die Krebsin schaute den kleinen Lachs mit einem verträumten Blick an. „Natürlich gibt es

62

das Meer – tief in deinem Herzen und in deiner Fantasie."

„Siehst du", wandte Lars sich an Karl. „Ich hab doch recht!"

Karl seufzte: „Edith, merkst du nicht, dass du den Kleinen völlig verwirrst?" Karl setzte eine Miene auf wie ein ungeduldiger Lehrer, der so tut, als wäre er geduldig: „Lars, weißt du, was Fantasie ist?"

„Nö", erwiderte Lars wahrheitsgemäß.

„Fantasie ist etwas, das man sich ausdenkt, das es aber nicht in Wirklichkeit gibt."

„Oh."

„Und so ist es auch mit dem Meer. Das Meer gibt es in deinem Kopf, aber nicht wirklich."

Lars blickte Hilfe suchend zur Krebsin, doch diese stemmte nur zwei ihrer acht Beine in die Hüften und schaute Karl vorwurfsvoll in die Triefaugen. „Alles musst du verderben, du alter Miesepeter. Du hättest den Kleinen ruhig noch ein wenig träumen lassen können." Dann meinte sie zu Lars: „Am besten, du verlässt diesen brummelnden, alten Karpfen, sonst wirst du noch genauso wie er." Sie wedelte entrüstet mit ihrer Muschelschale und stakste davon.

Karl seufzte tief und zerrte an seinem Algenschal.

„Hey, Karli, altes Triefauge, was hast du denn mit unserer edlen Edith gemacht?", meldete sich eine neue Stimme zu Wort. Ein Aal schwamm gut gelaunt auf Karl und Lars zu.

63

„Hallo, Anton", erwiderte Karl. „Sie ist beleidigt ... wie immer." Dann nieste er und tupfte sich mit einer schwammigen Alge die Kiemen.

„Tjaja", meinte Anton und kratzte sich mit der Rückenflosse an der Schulter. „Edelkrebse sind einfach zu empfindlich." Dann wandte er sich an Lars. „Hey, so'n laschen Lachs habe ich ja noch nie gesehen. Was schaust du so trübsinnig, Kleiner?"

„Karl sagt, dass es das Meer nicht gibt", erwiderte Lars geknickt. „Und er behauptet, dass sein Weiher genauso schön sei, aber das stimmt nicht!"

Anton der Aal kicherte. „Na ja, Karpfen kommen nicht gerade weit rum in der Welt. Ob es das Meer gibt, weiß ich nicht, aber ich kenne einen See, der ist so groß, dass man nicht von der einen Seite zur anderen gucken kann, und so soll das Meer ja auch sein, heißt es in den alten Geschichten. Wenn du willst, kann ich dich dort hinbringen."

Lars' Lachsaugen leuchteten. „O ja, gerne. Kommst du auch mit, Karl?"

Karl nieste und klang irgendwie verschnupft. „Nein danke, ich glaub, ich hab mich erkältet."

„Oh, das tut mir leid", meinte Lars. „Auf Wiedersehen und gute Besserung."

„Mach's gut, Karli, alte Schuppe!", rief Anton fröhlich und dann schwammen die beiden los. Sie hatten einen weiten Weg zurückzulegen. Der Fluss wurde immer größer und breiter und irgendwann konnte Lars die beiden Ufer rechts und links nicht mehr erkennen.

„So, da wären wir", meinte Anton. „Das, mein Freund, ist der See."

„Aber hier gibt es ja gar keine bunten Pflanzen und das Wasser schmeckt auch nicht salzig und wild."

„In der Tat", bestätigte Anton. „Es schmeckt eher ein bisschen muffig."

Lars ließ enttäuscht die Flossen sinken. Dann plötzlich richtete er sich wieder auf. „Oh", sagte er und seine Augen wurden groß. „Aber wenigstens Riesenfische gibt es hier!"

„Riesenfische? Was für Riesenfische?" Anton sah sich hektisch um. Plötzlich erstarrte er. „Ach du meine Güte", entfuhr es ihm. „Das ist Werner der Wels. Au Backe, mit dem ist nicht gut Würmer essen."

„Ob er weiß, wo das Meer ist?", überlegte Lars laut.

Der Wels hatte sie entdeckt. Mit raschen Flossenbewegungen sauste er auf sie zu.

„Auf jeden Fall weiß er, wo es was zu fressen gibt. Nichts wie weg hier!", rief Anton.

„Boah, der ist aber schnell", staunte Lars.

„Das hier ist keine Zirkusvorstellung, du Trottel. Der will uns fressen!", zischte Anton.

Der Wels kam mit weit geöffnetem Maul auf sie zugerast. Seine spitzen Reißzähne sahen gefährlich aus und seine Augen guckten gierig und böse.

65

Nun musste Anton den kleinen Lachs nicht mehr überreden, sich zu beeilen. Lars sauste los und hinterließ eine kleine Wolke aus Schuppen. Mit hastigen Flossenbewegungen kam er an Antons Seite. „Aber die ganz großen Fische im Meer fressen gar keine kleinen Fische, die fressen Plankton."

„Dann sind wir offensichtlich noch nicht im Meer angekommen", hechelte Anton, während ihm die Zunge vor Anstrengung aus dem Fischmaul hing.

Unaufhaltsam kam der Wels näher. Sie konnten schon seinen Atem riechen.

„Hey, Werner", keuchte Anton, „putz dir mal die Zähne, du riechst aus'm Maul ... Ahhhh ... Hilfe, er hat mich gleich." Mit einer hektischen Bewegung gelang es Anton, den zuschnappenden Zähnen von Werner dem Wels auszuweichen. Und weiter ging die wilde Jagd. Lars und Anton schwammen wie noch nie in ihrem Leben. Sie ließen den See weit hinter sich und jagten weiter flussabwärts. Mit flatternden Kiemen durchquerten sie einen weiteren See und hechteten schließlich mit letzter Kraft über eine Staumauer. Endlich ließ der Wels von ihnen ab. Völlig erschöpft ließen sich die beiden auf den Grund sinken.

„Ich – kann – nicht – mehr", japste Anton. „Mein lieber Scholli, war der hartnäckig."

„Das – war knapp. Ich – wusste gar nich – dass ich so lecker ausseh", keuchte Lars.

Nachdem die beiden wieder zu Atem gekommen waren, meinte Lars: „Sieht komisch aus hier. Hast du 'ne Ahnung, wo wir sind?"

Anton zuckte mit den Flossen: „Nee, so weit flussabwärts war ich noch nie."

Plötzlich fing Lars an zu schmatzen.

„Alles okay mit dir?", fragte Anton.

„Schmeckst du das nicht?", entgegnete Lars aufgeregt.

„Was denn?"

„Salz! Es schmeckt ein bisschen nach Salz!"

„Hm", erwiderte Anton. „Also, ich schmecke nichts."

Lars ließ sich nicht beirren. „Ich glaube, das Meer ist gar nicht mehr so weit. Komm, wir schwimmen weiter!"

„Du gibst auch nie auf, was?", seufzte Anton. „Na gut, ich komm mit."

Und so zogen die beiden weiter flussabwärts. Sie schwammen weiter, immer weiter. Und endlich nach vielen, vielen Kilometern bemerkten sie, dass sich etwas veränderte. Der Boden sackte ab und ging tief hinab, tiefer als in jedem See. Die Ufer waren nicht mehr zu sehen und ein frisches Wässerchen floss durch ihre Kiemen ... und ganz eindeutig – es schmeckte nach Salz!

„Das ... das kann doch nicht wahr sein", meinte Anton und schüttelte fassungslos den Kopf.

Lars jubelte. „Das Meer! Wir haben das Meer erreicht!" Überglücklich machte er einen Salto rückwärts mit anschließender dreifacher Schraube und einem abschließenden, doppelten gestreckten Salto vorwärts. „Juchhu! Wir haben es geschafft! Wir haben das Meer gefunden!"

Anton nickte wortlos.

„Komm, lass uns weiterschwimmen!", rief Lars.

Anton kratzte sich nachdenklich mit der Schwanzflosse am Kinn. (Dafür musste er sich ganz schön verrenken, aber Aale sind ja ziemlich gelenkig.) „Das Meer", murmelte er leise, „es ist tatsächlich das Meer."

„Na logo!", erwiderte Lars aufgeregt. „Und warum verknotest du dich gerade?"

„Es ist echt verrückt", erwiderte Anton und kratzte sich nun mit der Schwanzflosse über dem rechten Auge. „Ich habe mir nie viel Gedanken über das Meer gemacht, aber nun, wo ich hier bin ... nun fühlt es sich fast so an, als wäre ich nach Hause gekommen."

„Wir sind ja auch zu Hause!" Aufgeregt schwamm Lars auf und ab. „Das Meer ruft uns. Hörst du es?"

„Ja", erwiderte Anton. „Komm, lass uns weiterschwimmen."

„Hurra!", rief Lars und gemeinsam schwammen sie in die unbekannte blaue Tiefe des Meeres.

Die beiden erlebten noch eine Menge Abenteuer. Lars fand tatsächlich seine Geschwister wieder und Anton reiste weiter, als er es sich je hatte träumen lassen, dorthin, wo das Meer

69

ganz warm ist, wo bunte Korallen wachsen und Kokosnusspalmen an weißen Stränden stehen. Doch das ist eine andere Geschichte, die ein andermal erzählt werden soll.

Was bedeutet eigentlich Glaube? Der Glaube ist die Gewissheit, dass sich erfüllt, was Gott versprochen hat. Wer glaubt, weiß ganz genau, dass Gott da ist, auch wenn er ihn nicht sehen kann. Und er spürt, dass es den Himmel wirklich gibt, auch wenn er jetzt noch unsichtbar ist.

Nach Hebräer 11,1

Zora Zeckes
Beschwerdebrief

„Guten Morgen. Aufstehen. Guten Morgen. Aufstehen. Sie haben bereits zehn Minuten Verspätung. Guten Morgen. Aufstehen. Guten Morgen. Auf–"

„Ruhe!" Wütend hämmerte Felix der Floh der Weckmilbe seinen Pantoffel auf die Schädeldecke. „Ich stehe ja schon auf."

„Darf ich Sie daran erinnern, dass Sie mich dafür bezahlen, dass ich Sie morgens wecke?", bemerkte die Milbe beleidigt und rieb sich den Kopf.

„Na und? Erwartest du, dass ich mich dafür mit einem Küsschen bedanke?", knurrte Felix und schlüpfte in seine Pantoffeln.

„Fiesfloh", schnaufte die Milbe und verschwand.

Felix zog sich hastig und mürrisch in sich hineinknurrend an. Auf das Waschen verzichtete er dieses Mal. Er hatte morgens sicherlich schon mal bessere Laune gehabt, aber er konnte sich nicht mehr erinnern, wann das gewesen sein sollte. Als er sich angekleidet hatte, hüpfte er zu seiner Familie an den Frühstückstisch. Die Küche der Familie Floh war eine ausgetrocknete Blutkonserve, die ein Zivildienstleistender des städtischen Krankenhauses auf der Mülldeponie entsorgt hatte.

71

Felix' Frau Flora und sein Sohn Friedbert saßen schon beim Frühstück. Es gab Blutwurstmüsli.

„Guten Morgen", flötete Flora.

„Wieso sitzt ihr hier noch im Morgenmantel?", beschwerte sich Felix. „Es ist bereits halb acht. Wir kommen noch zu spät."

„Nun iss doch erst mal", sagte Flora.

„Keine Zeit", brummte Felix. „Ist mein Pausenblut schon fertig?"

„Ja, ich hab dir etwas Gänseschorf eingepackt." Dann strich sie ihrem Sohn über den Kopf und fragte: „Bist du fertig, Friedbert-Schatzi?"

„Nö", knurrte Friedbert-Schatzi. „Warum muss ich überhaupt in diese blöde Schule? Die Lehrer sind doch eh alle doof."

„Motz nicht", sagte Flora. „Mach dich lieber rasch fertig."

Friedbert verdrehte die Augen. Wenig später hoppelte er missmutig zur Schule und Felix startete seinen neuen 999er-Tausendfüßler, indem er ihm seinen Saugrüssel in den Nacken rammte. „Nun mach schon, Flora!", rief er.

„Ich komme ja schon!" Mit einem beherzten Sprung hechtete Flora auf das letzte Hinterleibsegment des Tausendfüßlers und Felix gab Gas. Er überquerte laut hupend die Ameisenstraße, überholte einen schwerfälligen Hirschkäfer rechts und eine schwitzende Lastschnecke links. Der Hirschkäfer verhedderte

72

sich vor Schreck in einem Birkenkätzchen am Fahrbahnrand, während die Schnecke einen Hustenanfall bekam, als der Tausendfüßler sie in einer Staubwolke hinter sich ließ.

Gerade als Felix nach links ausscherte, um einen wackligen, alten Borkenkäfer zu überholen, kam von hinten eine laut schimpfende Zecke auf einer geländegängigen Speedwanze angebraust.

Felix blieb auf der linken Spur. Sollte die blöde Zecke doch abbremsen. In diesem Moment schaltete die Ampel von grünem Grashüpfer auf rote Ameise. Felix latschte auf die Bremse und konnte hinter sich die quietschenden Sohlen der Speedwanze hören. Sie kam nur einen halben Millimeter vor dem Hinterteil des Tausendfüßlers zum Stehen. Im Rückspiegel sah Felix den empörten Gesichtsausdruck der Zecke, die sich die Nase am Schuppenlenkrad ihrer Wanze gestoßen hatte. Natürlich war sie nicht angeschnallt gewesen. Felix konnte sich ein gehässiges Grinsen nicht verkneifen.

Mit knirschenden Gelenken kam nun auch der alte Borkenkäfer neben den Flöhen zum Stehen und warf ihnen einen missmutigen Blick zu.

„Fahr bitte vorsichtig", mahnte Flora ihren Mann. „Du weißt, dass wir den Tausendfüßler noch nicht abbezahlt haben."

„Diesen zerrupften Zottelzecken muss man mal eine Lektion erteilen", meinte Felix. „Die

73

fahren doch, als würde die Straße ihnen allein gehören."

In diesem Moment sprang der grüne Grashüpfer mit einem strahlenden Lächeln auf den Rücken der roten Ameise, die daraufhin schnaufend in die Knie ging.

„Es ist GRÜN!", brüllte die Zecke von hinten. „Fahr endlich, du hohlköpfiger Hüpfclown."

„Hast du das gehört?", fragte Felix empört.

„Ja", erwiderte Flora. „Die zerrupfte Zottelzecke hat dich einen hohlköpfigen Hüpfclown genannt. Und nun würde ich an deiner Stelle losfahren, sonst kommen wir noch zu spät."

„Unverschämtheit. Denen müsste man den Führerschein entziehen", brummte Felix und fuhr an.

Die Zecke ließ ihre Speedwanze aufheulen und sauste los. Sie ließ den verblüfften alten Borkenkäfer hinter sich und zog scharf nach rechts, neben den Tausendfüßler. „Sonntagsfahrer", zischte sie, lenkte abrupt nach links und streifte beinahe die rechte Backe des Tausendfüßlers.

Felix konnte gerade noch den Rüssel herumreißen und den Tausendfüßler im letzten Augenblick auf den Seitenstreifen lenken, um einen Zusammenprall zu verhindern.

Die Zecke schüttelte drohend ein Beinchen in seine Richtung und sauste davon.

Felix bekam vor Wut einen radieschenroten Kopf. Er sah aus, als würde er gleich

platzen. "Hast du das gesehen?", empörte er sich. "Hast du diese arrogante Chaos-Zecke gesehen? Diese Zecken sind das Schlimmste! Das sind blutsaugende Schmarotzer und eine Gefahr für die Allgemeinheit. Verkehrsrowdys und Parasiten sind die, das reinste Ungeziefer."

Wütend scherte Felix aus, schubste eine verdatterte Termite in den Straßengraben und fuhr bei Rot über eine Kreuzung. Er übersprang eine Raupe, die offenbar aufgrund von Verdauungsstörungen Probleme mit ihrem Anlasser hatte, und stoppte seinen 999er-Tausendfüßler mit verhedderten Beinen auf dem Parkplatz des Flohhauptquartiers.

Flora, die ebenfalls dort arbeitete, stieg ab und machte sich seufzend daran, die Beine des Tausendfüßlers zu entheddern, während Felix, seinen Pausenschorf in der Hand, schon einmal losstapfte. Er ließ seine Wut an dem Pförtner aus, der jedoch aufgrund seiner Schwerhörigkeit kaum etwas davon mitbekam.

Ein wenig entspannter machte sich Felix dann auf den Weg in sein Büro. Das Hauptquartier der Flöhe war ein stinkfauler, fettleibiger Pudel mit Namen Peter, der den halben Tag lang schnarchend auf der Wiese lag. Gerade als Felix an dessen oberster Rippe vorbei zu den Schultergelenken spazierte, wurde er von Felicitas, der Chefsekretärin, angesprochen.

„Ah, Felix, gut, dass ich Sie treffe. Bitte folgen Sie mir. Der Chef möchte Sie sprechen."

„Selbstverständlich!", sagte Felix und hüpfte hinter ihr her.

Die Chefetage befand sich nördlich des rechten Ohrlappens. Es war zuweilen ein wenig zugig dort, aber dafür hatte man eine hervorragende Aussicht. An einem verfilzten Haarbüschel machten sie halt. Auf einem Schild stand zu lesen:

Friedrich von Pieks
Flohoberchef

Felicitas klopfte an.

„Herein!", ertönte eine tiefe Stimme.

Felicitas schob den Haarbüschel beiseite und sie traten ins Innenohr.

An einem riesigen Schreibtisch saß der fetteste Floh, den Felix je gesehen hatte.

„Ah, Herr von Pieks", flötete Felicitas, „ich muss sagen, diese blutfarbene Gummikrawatte steht Ihnen wirklich ausgezeichnet."

„Finden Sie?" Der Chef strich sich über seinen winzigen Gummischlips, der wie ein weggeworfenes Taschentuch auf seinem dicken Bauch lag.

Schleimerin, dachte Felix. Dann setzte er sein breitestes Lächeln auf und meinte: „Herr von Pieks, es ist mir eine außerordentliche Ehre, Sie einmal persönlich kennenzulernen. Ich wollte Ihnen schon immer sagen, wie stolz ich darauf bin, für Sie tätig zu sein und –"

„Schon gut, schon gut", brummte Friedrich von Pieks. „Kommen Sie mal her." Er winkte Felix zu sich.

„Selbstverständlich!" Felix sprang so hastig vor, dass er mit dem Kopf an die Decke stieß.

„Mein lieber Felix", sagte der Chef und legte seinen Arm um dessen Schulter. „Ich habe schon viel von Ihnen und Ihren außerordentlichen Fähigkeiten gehört."

„Tatsächlich?", fragte Felix und grinste von einem Fühler zum anderen.

„Ja", sagte Friedrich von Pieks ernst, „und deshalb möchte ich Sie zum Leiter der Beschwerdestelle ernennen. Sie werden sich von nun an persönlich um unsere schwersten Fälle kümmern. Meines Wissens gibt es nur einen, der sich in die egoistischen, selbstverliebten und für ihre eigenen Fehler völlig blinden Gehirne unserer schlimmsten Beschwerer vollständig hineinversetzen kann, und das sind Sie!"

„Oh", sagte Felix. „Meinen Sie wirklich?"

„Ja." Der Chef nickte. „Das meine ich. Fangen Sie gleich mit diesem Eilbeschwerdebrief von Zora Zecke an. Sie behauptet, sie wäre von einem hirnamputierten Floh auf einem altersschwachen 999er-Tausendfüßler geschnitten worden, und verlangt, dass diesem der Führerschein entzogen wird." Friedrich von Pieks klopfte Felix auf den Rücken. „Dann machen Sie sich mal an die Arbeit."

Als sich der Hautlappen hinter Felix schloss, machte er einen kleinen Luftsprung. Endlich bekam er das, was ihm zustand. Die anderen Flöhe sahen ihm verblüfft nach, als er mit stolzgeschwellter Brust kleine Freudensprünge machte.

„So", sagte er sich, „dann werde ich mich gleich mal um den Führerscheinentzug dieses hirnamputierten Flohs kümmern." Und mit diesen Worten sprang er fröhlich in sein neues Büro auf der linken Pobacke von Peter dem Pudel.

In der Bibel gibt Jesus seinen Freunden folgenden Tipp: „Seid lieber nicht so schnell dabei, über andere herzuziehen und sie zu verurteilen. Was ist, wenn der gleiche Maßstab bei euch selbst angelegt wird?

Du regst dich über die kleinen Schwächen anderer auf und erkennst nicht, dass du selbst genau das Gleiche machst oder sogar noch viel schlimmer bist. Wie kannst du sagen: ‚Mein Freund, komm her! Ich will dir den Splitter aus dem Auge ziehen!' Dabei hast du selbst einen ganzen Balken im Auge. Ich schlage vor: Du kümmerst dich zuerst um deine Fehler, dann kannst du versuchen, andere zurechtzuweisen."

Nach Matthäus 7,1–5

Warum es besser war,
dass Pogo nicht fliegen konnte

Langsam und ein wenig traurig wackelte Pogo auf seinen kurzen Stummelbeinchen ans Ufer. Seufzend betrachtete er die Möwen, die in der Ferne lachend ihre tollkühnen Bahnen zogen. Pogo sah an sich herab, betrachtete seine plump und ungeschickt wirkenden und, wie es schien, vollkommen nutzlosen Flügel und schüttelte das salzige Meerwasser aus seinem Gefieder. Dann seufzte er noch einmal tief auf und watschelte weiter den Strand entlang zu seinem Nest.

Pogo war ein Gelbaugenpinguin. Ein besonders prachtvolles Exemplar seiner Art. Doch das munterte ihn momentan überhaupt nicht auf.

„Hey, Pogo, alte Socke", ertönte es plötzlich über ihm. „Ein wunderbarer Tag, nicht wahr?"

Pogo wurde es ganz schwindelig, als er den wilden Kapriolen von Miri der Möwe zu folgen versuchte. Dicht über seinem Kopf sauste sie wie eine wild gewordene Silvesterrakete über den Strand. Schließlich landete sie elegant dicht neben ihm in einer Pfütze und stieß ihr typisches Möwengelächter aus. „Was ist los, Mann? Freust du dich nicht, mich zu sehen? Ich bin's – Miri, deine beste Freundin." Die

Möwe machte allerlei Faxen, wackelte mit den Schwanzfedern und rollte ihren Bauch wie eine Hula-Hoop-Tänzerin.

Um ihr einen Gefallen zu tun, verzog Pogo angestrengt den Schnabel und gab einen krächzenden Laut von sich, von dem er hoffte, dass er einem Lachen nicht gänzlich unähnlich war.

Miri zog die Stirnfedern kraus. „Was soll denn das sein? Soll ich dir mal was sagen, Pogo? Seit Tagen hast du eine Laune wie 'ne seekranke Miesmuschel mit Migräne. Was ist los mit dir? Bist du krank?"

„Nein, nein", meinte Pogo. „Es ist nur ... na ja, du weißt schon, das Übliche."

„Du hast dir den Magen verdorben?", fragte Miri.

„Nein."

„Du hast dir beim Tauchen den Schädel an einem Riff gestoßen?"

„Nein", erwiderte Pogo, diesmal schon etwas ungeduldiger.

„Du hast dich in einen Haifisch verliebt?"

„Nein! O Miri, du alte Quatschbirne, hörst du mir denn nie zu? Ich habe doch gesagt, dass ich unter meinem üblichen Problem leide. Sag bloß, du hast vergessen, was mein übliches Problem ist?"

„Nun ja ... Hmm", druckste Miri herum und malte mit dem Fuß verlegen Muster in den Sand. „Wenn ich ehrlich bin ..."

82

„O nein!" Pogo verdrehte die Augen. „Und du willst eine Freundin sein?!"

„Nun sei doch nicht so", sagte Miri. „Komm, erzähl's mir. Ich hör dir auch ganz genau zu. Versprochen! Großes Möwenehrenwort."

Pogo seufzte. Dann sagte er: „Also, es ist doch so. Ich bin ein Pinguin, aber ..."

„Du bist sogar ein seltener Gelbaugenpinguin", warf Miri aufmunternd ein. „Von euch gibt es nur noch sehr wenige auf der Welt."

„... ich bin ein Pinguin, aber nichtsdestotrotz ein Vogel", fuhr Pogo fort, ohne Miris Einwurf zu beachten. „Ich schlüpfte aus einem Ei und wuchs in einem Nest auf. Ich habe Federn und einen Schnabel. Ja, ich habe sogar Flügel. Ich bin eindeutig ein Vogel. Warum also kann ich nicht fliegen?"

83

„Hm", machte Miri und begann, nachdenklich auf und ab zu gehen, wobei sie die Flügel auf dem Rücken verschränkte, die Augen zusammenkniff und ihre Stirn in Falten legte. Dann hielt sie plötzlich inne und sah Pogo mit einem sehr merkwürdigen Blick an, den sie vermutlich für scharfsinnig hielt. „Du behauptest also, du kannst nicht fliegen. Aber hast du es überhaupt schon richtig ausprobiert?"

„Natürlich", erwiderte Pogo und ließ die Schultern hängen, „aber es klappt nicht."

„Lass mal sehen", forderte Miri ihn auf.

„Hier?!", kreischte Pogo. „In aller Öffentlichkeit?"

„Hab dich nicht so", erwiderte Miri. „Hier ist keine Vogelseele."

Pogo sah sich vorsichtig um. Tatsache, Miri hatte recht. Die anderen Möwen waren weit draußen an der hohen Klippe. Es wäre ihm schweinepeinlich gewesen, wenn ein anderer Vogel ihn bei seinen vergeblichen Versuchen beobachtet hätte. „Na gut, weil du es bist", brummte er. „Hier, sieh her." Er schlug heftig mit den Flügeln. „Nichts passiert."

„In der Tat", erwiderte Miri und kratzte sich am Unterschnabel. „Du hast nicht einen Millimeter abgehoben. Ein schwerer Fall." Im nächsten Moment heiterten sich ihre Züge jedoch wieder auf. „Hey, weißt du was? Heute kommt Albert von seiner Reise zurück. Vielleicht weiß er Rat. Außerdem hat er sicher 'ne

84

Menge erlebt und bestimmt die eine oder andere lustige Geschichte auf Lager. Komm, lass uns zur Klippe gehen und auf ihn warten. Das wird dich garantiert aufmuntern."

„Gehen ... da haben wir es wieder", brummte Pogo. „Ich werde die ganze Strecke mühsam hochkraxeln müssen, während du die Klippen einfach hochfliegst." Dennoch folgte er der Möwe. Es wäre wirklich schön, Albert den Albatros wiederzusehen. Pogo zweifelte allerdings daran, dass Albert lustige Geschichten auf Lager hatte. Er war nicht unbedingt der Typ für ... lustige Geschichten.

Als Pogo schwitzend und prustend die Klippe erklommen hatte, erwartete ihn Miri schon ungeduldig. Aufgeregt wies sie mit der Flügelspitze in den grauen windumtosten Himmel. „Sieh mal, da ist er schon."

Tatsächlich, es war ein imposanter Anblick, wie der schwarz-weiß gefiederte Königsalbatros mit seinen riesigen Flügeln mühelos durch die stürmischen Winde glitt. Pogo spürte einen Stich des Neides in sich. Albert war mit seinen fast drei Metern Flügelspannweite wirklich ein König der Lüfte.

„Huhu, Albert, huhu! Hier sind wir!", rief Miri und flatterte aufgeregt auf und ab.

Albert sah sie und flog in einem eleganten Bogen auf sie zu. „Achtung, Landeanflug!", rief er, und es schien Pogo, als wäre da eine Spur Nervosität in seiner Stimme.

85

Dann plötzlich war Albert ganz dicht. Sein Tempo war noch immer erschreckend hoch. „Deckung!", rief er und streckte unbeholfen die Füße aus. Er schlitterte über den Felsen, wobei seine Krallen kreischend über den Boden kratzten wie Fingernägel über eine Schultafel. Plötzlich stolperte er über einen Grasbüschel, plumpste auf den Bauch, rutschte auf ihm weiter, überschlug sich zweimal und blieb schließlich in einer Wolke aus Staub und Federn in einem Busch hängen. Als die Freunde ihn erreichten, hatte er sich mühsam aus dem Gebüsch befreit und faltete umständlich seine riesigen Flügel zusammen.

„Coole Landung, Albi", sagte Miri.

„Hast du dich verletzt?", fragte Pogo besorgt.

Albert schüttelte würdevoll den Kopf. „Ich bin nur ein wenig aus der Übung."

„Das glaub ich gerne", erwiderte Pogo. Schließlich war Albert über ein Jahr lang unterwegs gewesen, ohne ein einziges Mal festen Boden unter den Füßen gehabt zu haben.

„Und, wie war deine Reise so?", fragte Miri. „Hast du tolle Sachen gesehen?"

„Stürmisches Meer und ewiges Eis", erwiderte Albert.

„Äh ... Ah ja. Das klingt wirklich aufregend", sagte Miri. „Und ansonsten? Was gab's zum Beispiel so zu essen unterwegs?"

„Fisch", sagte Albert.

86

So viel zu den lustigen Geschichten, dachte Pogo. Es wäre sicherlich nicht übertrieben, wenn man Albert als wortkarg bezeichnen würde. Aber er war trotzdem ein feiner Kerl.

„So, so", sagte Miri. „Na, da hast du ja 'ne Menge erlebt, nicht wahr? Bei uns war auch so einiges los. Aber zunächst müssen wir hier mal ein Problem klären. Unser Freund Pogo ist ein bisschen traurig. Er ist ja ein Vogel wie wir, aber mit dem Fliegen klappt es nicht so. Ich dachte, wir zwei greifen ihm mal ein bisschen unter die Flügel. Als Expertenkommission sozusagen. Was hältst du davon?"

„Hm", machte Albert.

„Also, ich hab mir gedacht, das Problem ist der Auftrieb", fuhr Miri eifrig fort. „Pogos Flügel sind zu schwach, um vom Boden abzuheben. Kein Wunder, wo er bislang ja noch nie geflogen ist. Daher ist es am besten, wenn er es erst einmal im Gleitflug probiert, als Einstieg gewissermaßen. So dürfte im Grunde nichts schiefgehen. Die Klippe hier ist ein idealer Ort. Hier weht ein ordentliches Lüftchen. Da fliegt es sich eigentlich ganz von selbst. Komm mal rüber, Pogo."

Pogo blickte zu Albert hinüber, der die Stirn in nachdenkliche Falten gelegt hatte.

Doch Miri zerrte Pogo am Flügel bis dicht an den Klippenrand, bevor der Albatros etwas sagen konnte. „Hier, sieh mal. Ideale Flugposition."

87

Pogo schielte über den Abgrund und sah weit unter sich in hundert Metern Tiefe Felsköpfe aus dem Meer herausragen, um die das Wasser schäumte. In diesem Moment erschien ihm das Fliegen auf einmal nicht mehr ganz so erstrebenswert.

„Alles klar, Pogo", sagte Miri, „dann spreiz mal die Flügel."

Zitternd breitete Pogo seine kleinen Flügelchen aus.

„Leicht in die Knie gehen", wies die Möwe ihn an.

Pogo beugte seine Stummelbeinchen und setzte mit dem Po auf den Felsen auf.

„Okay", sagte Miri, die ganz in ihrer neuen Rolle als Fluglehrerin aufging. „Albert, hast du noch irgendwelche Tipps für unseren Neuling?"

„Ich weiß nicht …", setzte der Albatros an, wurde aber sofort wieder von Miri unterbrochen, die begeistert rief: „Na dann los, Pogo. Du musst nur den Absprung wagen. Alles andere ist dann eine Sache des Gefühls."

„M-m-meinst du wirklich?", fragte Pogo nervös.

„Na klar", erwiderte Miri. „Bei mir funktioniert es bestens so. Auf geht's!", rief sie und breitete die Flügel aus.

„Wartet mal", sagte Albert.

„Was ist denn?", fragte Miri ärgerlich und drehte sich um. Dabei vergaß sie leider ihre

Flügel wieder einzuklappen, sodass sie Pogo versehentlich einen Stoß auf den Rücken gab. Und während der arme Pogo wie ein hysterischer Hubschrauber mit den Flügeln herumfuchtelte, um das Gleichgewicht wiederzufinden, sagte Albert: „Ich fürchte, wir haben das Ganze noch nicht ausreichend ..." Bei dem Wort „... durchdacht" verlor Pogo endgültig den Halt und stürzte mit einem jämmerlichen Quieken den Abhang hinab. Er schlug mit den Flügeln, dass die Federn stoben. Aber es nützte nichts. Schwer wie ein Stein sauste er in die Tiefe. Unaufhaltsam raste er auf die tosende See zu. *Ich bin der dämlichste Pinguin aller Zeiten,* schoss es ihm durch den Kopf. *Gleich werde ich an diesem Felsen dort zerschmettern!* Pogo schloss die Augen. Er wollte nicht zusehen, wie die Klippen ihn zu einer Pinguin-Bulette verarbeiteten.

Plötzlich hörte er ein Geräusch über sich. Etwas packte seine Schulter, und er spürte, wie sein Fall gebremst wurde. Zaghaft öffnete er die Augen. Er sauste nur wenige Zentimeter an den herausragenden Felsen vorbei und über das brodelnde Wasser hinweg. Dann wurde er sanft emporgetragen.

Es war Albert, der ihn im letzten Moment gerettet hatte. Miri flog dicht neben ihm.

„Vielleicht ist es unser Fehler", sagte Albert, der geschickt die Winde nutzte und mit Pogo höher und höher flog. „Vielleicht ist es gar nicht deine Bestimmung zu fliegen."

„Tut mir leid, Pogo", sagte Miri zaghaft und flatterte ungewöhnlich still neben dem Albatros her.

„Aber ... aber es ist wunderschön", sagte Pogo. Der nun, getragen von den Flügeln des Albatrosses, wie ein Gleitschirmflieger über das Wasser segelte. Langsam kamen sie der Klippe näher und näher. Verwundert beobachtete Pogo, dass sich die ganze Möwenkolonie, die dort nistete, in heller Aufregung befand. Zuerst fühlte er sich ein bisschen geschmeichelt, weil er dachte, sie bejubelten seine Rettung. Doch dann, als sie noch näher kamen, erkannte er, dass sie überhaupt nicht jubelten und dass es auch gar nicht um ihn ging.

„Der Dieb, der Dieb", kreischte eine aufgeregte Möwendame. „Er hat mein Ei gestohlen!"

„Ein Frettchen!", keuchte Miri.

Tatsächlich hüpfte der freche Räuber mit einem Ei im Maul von Fels zu Fels und versuchte, den aufgeregten Vögeln zu entkommen. Im Team stürzten sich die Möwen auf ihn. Da wurde dem Frettchen die Sache offenbar zu heiß und es ließ seine Beute fallen. Unter dem entsetzten Aufschrei der Möwen sah man das Ei die Klippen hinabstürzen und in den tosenden Wellen des Meeres verschwinden.

„O nein", stöhnte Miri. „Es ist verloren."

In diesem Moment fasste Pogo einen Entschluss. „Geh tiefer", sagte er zu Albert.

„Bist du sicher?", fragte der mächtige Albatros.

„Ja. Setz mich dort drüben ab."

„Es ist gefährlich hier", sagte Albert ernst. „Hier wimmelt es von Seeleoparden."

„Ich werde aufpassen", erwiderte Pogo entschlossen. „Und jetzt lass mich einfach fallen."

Albert tat wie geheißen. Einen Augenblick lang flog Pogo durch die Luft. Dann landete er mit dem Kopf voran in den aufgewühlten Fluten. Eben noch hatte er sich völlig nutzlos gefühlt, aber nun war alles anders, denn das Wasser war sein Element. Blitzschnell tauchte er um den Felsen herum und suchte auf dem Grund des Meeres nach dem Ei.

In der Ferne konnte er etwas weiß blinken sehen. Rasch tauchte er tiefer. Aus den Augenwinkeln heraus bemerkte er einen Schatten, der sich ihm schnell näherte. Ein Seeleopard hatte die Witterung aufgenommen.

Pogo schwamm schneller. Der Kerl würde ihn nicht aufhalten. Eben war ihm das Leben gerettet worden. Nun würde auch er ein Leben retten. Er machte eine blitzschnelle Wendung, tauchte tiefer und sauste durch einen schmalen Felsspalt. Den Seeleopard hatte er damit erst einmal abgehängt. Doch wo war jetzt das Ei? Pfeilschnell fegte er durch das Wasser. Dann sah er es wieder. Rasch schwamm er darauf zu.

91

Mist! Ein anderer Seeleopard hatte ihn entdeckt und kam auf ihn zu. Albert hatte recht, hier wimmelte es tatsächlich von diesen Biestern. Doch Pogo hatte nicht vor, sich abschrecken zu lassen. Diesmal nicht. Wie ein Torpedo sauste er durchs Wasser und packte das Ei mit den Krallen. Dann machte er eine rasche Wendung. Der heranstürmende Seeleopard schluckte Schlamm, als er, anstatt den Pinguin zu erwischen, auf dem Meeresboden landete.

Pogo brauchte all sein Geschick, um den Jägern zu entkommen. Aber schließlich gelang es ihm. Atemlos und zerzaust erreichte er den kleinen Strand ganz in der Nähe der großen Klippe.

„Geschafft", keuchte er.

Er wurde von tosendem Beifall empfangen. Hunderte von Möwen jubelten und klatschten mit den Flügeln. „Danke, danke", schluchzte die erleichterte Möwenmutter unter Tränen und nahm vorsichtig ihr Ei wieder an sich.

Aufgeregt flatterte Miri zu ihm hinüber. „Pogo, du bist der Beste!", rief sie.

Eine Sandwolke wirbelte auf, und erschrockene Möwen hüpften kreischend beiseite, als Albert mit einer dreifachen Rolle und einer ungewollten Schnabelbremse auf dem Strand landete. Würdevoll schüttelte er den Sand aus seinem Gefieder und kam näher.

„Vielleicht ist es gar nicht so schlimm, dass du nicht fliegen kannst", sagte Miri und zeigte ihr Möwengrinsen, während sie Pogo mit dem Flügel in die Seite knuffte.

„Wie es scheint, hast du nun deine Bestimmung entdeckt", sagte Albert und schmunzelte, so wie ein Königsalbatros eben schmunzelt.

„Vielleicht habt ihr recht", meinte Pogo. „Ich gebe zu, Fliegen ist wirklich toll. Aber Tauchen ..." Er lächelte seine Freunde an, wie nur ein Gelbaugenpinguin lächeln kann. „Tauchen zu können ist auch nicht schlecht, nicht wahr?"

Der Apostel Paulus hat an die Christen in Korinth geschrieben und ihnen erklärt, wie Gott sich das mit seinen Leuten gedacht hat: „Gottes Leute bilden eine Gemeinde, und sie passen dabei so zusammen, wie die verschiedenen Teile eines Körpers zusammenpassen. Sie sind sehr viele und auch sehr unterschiedlich und doch gehören sie zusammen. Denn jeder Körper besteht ja aus vielen sehr unterschiedlichen Körperteilen und nicht nur aus einem einzigen. Angenommen, ein Fuß könnte sprechen und er würde zu den anderen Körperteilen sagen: ‚Ey, Leute ich gehöre ja gar nicht zu euch, weil ich keine Hand bin!', dann würden die anderen Körperteile wahrscheinlich sagen: ‚Junge, erzähl nicht so'n Blödsinn. Natürlich gehörst du zu uns. Wir brauchen dich hier.' Na, und was meint ihr, was das Ohr zu hören kriegen würde, das behauptete: ‚Ich gehöre nicht dazu, weil ich kein Auge bin.' Meine Güte, wo kämen wir denn hin, wenn der ganze Körper nur aus Augen bestehen würde? Das würde erstens ziemlich ekelig aussehen, und zweitens könnte man nicht mehr hören, schmecken oder riechen, sondern nur noch gucken. Und wie das Ganze mit einem Körper ausgehen würde, der nur aus Ohren bestünde, könnt ihr euch sicher auch vorstellen.

Deshalb hat Gott, der sich den Körper ausgedacht hat, jedem einzelnen Körperteil seine besondere Aufgabe gegeben, so wie er es wollte.

An diesem Beispiel wollte ich euch erklären: Ihr alle gehört zusammen, ihr seid eine Gemeinde, sozusagen der Körper von Jesus, und jeder Einzelne von euch gehört als ein ganz besonderer Teil dazu.

Nach 1. Korinther 12,12.14–18.27

Schorschi und Henriette
oder: Nur der Löwe ist der Löwe

Schorschi der Schakal und Henriette die Hyäne waren furchtbar aufgeregt. Leon der Löwe, der König der Savanne, hatte sie zu sich gerufen.

„Hört genau zu", sagte der Löwe. „Ich ernenne euch hiermit zu meinen Botschaftern, denn ihr seid schnell und ausdauernd. In drei Tagen findet eine große Savannenversammlung statt. Ich habe allen Tieren etwas sehr Schönes und Wichtiges mitzuteilen. Werdet ihr sie für mich zusammenrufen?"

„Na klar, Chef", hechelte Schorschi, „wird gemacht."

„Ist kein Ding", bestätigte Henriette, „das haben wir im Pfotenumdrehen erledigt."

Leon nickte zufrieden und trabte davon.

„Ist ja irre, was?", meinte Henriette begeistert.

„Wir sind die königlichen Botschafter", sagte Schorschi und platzte fast vor Stolz.

Henriette warf ihm einen nachdenklichen Blick zu und kaute grübelnd auf den Lefzen. „Ich hoffe nur, die anderen glauben uns auch. Ich meine, 'ne Hyäne und 'n Schakal wirken auf den ersten Blick nicht gerade sehr königlich."

Schorschi nickte. Dann meinte er: „Weißt du was? Ich habe eine Idee. Wir müssen einfach nur wie Löwen aussehen."

95

„Super", meinte Henriette sarkastisch. „Und wie willst du das anstellen?"

„Ach, das ist gar nicht so schwer. Das Entscheidende ist die Mähne und den Rest machen wir mit löwiglichem Auftreten wett."

Gesagt, getan. Die beiden bastelten sich aus Präriegras zwei Löwenperücken. Und sie fanden sich echt toll. In Wirklichkeit allerdings sah Schorschi aus wie ein wandelnder Staubwedel und Henriette hatte große Ähnlichkeit mit einem abgebrochenen Schrubber auf der Suche nach einem Scheuerlappen.

„Außerdem müssen wir die Botschaft etwas königlicher gestalten", sagte Schorschi voller Begeisterung. „*Savannenversammlung* klingt irgendwie öde. Vielleicht machen wir besser ein *Prärie-Event* daraus oder ein *Steppenmeeting*."

„Prima Idee, klingt richtig cool", meinte Henriette. „Aber was machen wir, wenn die anderen uns nicht glauben oder uns sogar auslachen?"

„Das wäre gar nicht gut." Schorschi runzelte nachdenklich die Stirn. „Schließlich sind wir ja jetzt wichtig. Wir sind königliche Botschafter."

„Ich hab's", meinte Henriette und grinste. „Wir drohen Strafen an für die, die nicht kommen wollen. Ich würde sagen, wer nicht kommt, wird verbannt."

„Oder aufgefressen", ergänzte Schorschi fröhlich.

96

„Wo wir gerade vom Fressen reden. Mir ist in letzter Zeit aufgefallen, dass viel zu viele Tiere Aas fressen. Manchmal sieht das aus wie auf'm Grabbeltisch im Schlussverkauf. Da drängeln sich Geier, Krähen, Marabus, Füchse, Mungos, Wildhunde und selbst Paviane habe ich schon gesehen. Da bleibt für uns kaum etwas übrig. Das kann nicht im Sinne des Königs sein!", sagte Henriette und man konnte ihr die Empörung ansehen.

„Sehr richtig." Schorschi nickte ernst. „Für Aas sind wir zuständig! Bestimmt hätte Leon das den anderen längst gesagt, wenn er nicht so viel zu tun hätte. Ich schlage vor, dass wir unsere Botschaft ergänzen. Wer Aas frisst, fliegt raus!"

„Das könnten die Geier und die anderen Vögel missverstehen", gab Henriette zu bedenken.

„Na gut, dann eben: Wer Aas frisst, wird selber welches."

„Genial", sagte Henriette. „So machen wir's."

Voller Begeisterung machten sie sich auf den Weg. Als Erstes trafen sie Norman das Nashorn, und zwar im wahrsten Sinne des Wortes. Weil Henriette die Präriegrasperücke immer über die Augen rutschte und sie dadurch kaum etwas sehen konnte, rannte sie mit voller Wucht gegen Normans Bauch. Norman, der gerade seine dritte Mahlzeit verdaute und sich dabei die Zeit mit Fressen vertrieb, reagierte nicht sehr erfreut.

97

Brummend wandte er den Kopf und knurrte einen neben ihm stehenden Felsblock an. „Willst du dich mit mir anlegen, Kumpel?" (Man muss dazu sagen, dass Nashörner ziemlich kurzsichtig sind.)

„Wir ... äh", meldete sich Schorschi. „Wir sind im Auftrag des Löwen unterwegs."

„Der König befielt niemandem, mir in den Bauch zu boxen!", knurrte Norman und wandte den Kopf, um einen Dornenbusch finster anzublinzeln. Er begann, drohend mit dem rechten Vorderhuf Staub aufzuwühlen.

„Äh ... na ja ... Weißt du was?", sagte Henriette und schlich langsam rückwärts. „Wir kommen später noch mal wieder und erzählen es dir dann, okay?"

„Wie?! Erst greifst du mich an und dann willst du dich aus dem Staub machen?!", brüllte Norman einen Affenbrotbaum neben Schorschi an.

Schorschi und Henriette sahen einander an: „Nichts wie weg hier." Sie pesten los und konnten hören, wie Norman hinter ihnen den Baum zu Zahnstochern verarbeitete.

„Puh", seufzte Schorschi, als sie außer Sichtweite stehen blieben, um zu verschnaufen. „Das war knapp. Zum Glück ist der Kerl blind wie 'ne Blindschleiche."

„Ich glaube, wir müssen unseren Stil überarbeiten", sagte Henriette ernst. „Am besten, wir fangen klein an."

Schorschi nickte.

Beinahe gleichzeitig fiel ihr Blick auf eine Familie von Mäusen, die in der Nähe emsig an ihrem Bau arbeiteten. Wortlos sahen sich die beiden in die Augen. Dann nickten sie und grinsten sich an.

„He, ihr da!", brüllte Schorschi. „Keiner rührt sich."

Die Mäuse standen vor Schreck wie erstarrt da.

„Seine königliche Löwenheit, Leon I., hat uns, seine geliebten und vertrauten Mitarbeiter, berufen, euch eine Warnung zu überbringen", bellte Henriette hochmütig.

„Wenn auch nur eine einzige von euch jämmerlichen Gestalten in drei Tagen das Steppenmeeting verpasst, werdet ihr bei lebendigem Leib verbannt", fuhr Schorschi fort.

„Und mit Haut und Haaren aufgefressen", ergänzte Henriette und zeigte ihr Raubtiergebiss.

„Ach ja", fügte Schorschi hinzu, „und wer Aas frisst, wird selber welches!"

Die Botschaft zeigte Wirkung. Mindestens drei der Mäuse fielen vor Schreck gleich in Ohnmacht und der Rest wurde so blass wie ein Zebra ohne Streifen.

Schorschi und Henriette waren von sich selbst ganz beeindruckt. Mit stolzgeschwellter Brust machten sie sich auf den Weg zu den anderen Tieren. Auch dort schlug ihre Botschaft

99

ein wie ein Fußball in eine Schüssel mit roter Grütze. Die Antilopen lasen ihnen jedes Wort von den Lippen ab. Die Zebras waren völlig aus dem Häuschen und die Gnus gerieten regelrecht in Panik. Selbst die Paviane waren schwer beeindruckt.

Schorschi und Henriette machte ihre Rolle als königliche Botschafter so viel Spaß, dass sie regelrecht zu königlichen Schreckeinjägern wurden. Schließlich fühlten sie sich reif genug für den dicksten Brocken.

„Sieh mal", sagte Schorschi, „dort ist Erich der Elefant. Dem heizen wir mal richtig ein." Sie trabten näher.

„Los!" Henriette rammte Schorschi die Pfote in die Seite. „Mach uns den Löwen."

Schorschi versuchte sich an einem markerschütternden, königlichen Löwengebrüll, er klang allerdings eher wie ein asthmatischer Hahn mit Schluckauf.

„Gesundheit", sagte Erich freundlich und zupfte sich mit dem langen Rüssel ein paar Blätter von einem Affenbrotbaum.

„Wir sind die löwiglichen Abgesandten seiner Löwenheit", warf sich Henriette in die Brust. „Höre unsere löwigliche Botschaft."

„Hä?", machte Erich und mampfte an seinen Blättern.

„Der König beordert alle Tiere zum Steppenmeeting. Wer nicht erscheint, wird auf der Stelle gerichtlich gerichtet und zu lebenslan-

100

ger Todesstrafe verbannt", verkündete Schorschi.

„Hä?", machte Erich und kratzte sich mit dem Rüssel am Kopf.

„Was macht ihr zwei Komiker denn hier?", meldete sich plötzlich eine Stimme hinter ihnen. Die beiden königlichen Boten fuhren herum. Es war Linda die Leopardin.

101

„L-L-L-linda", stotterte Schorschi und verzog die Schnauze zu einem dümmlichen Lächeln.

„Wir ... äh ..." Henriette wurde so rot wie ein Pavianpopo. „Wir sind im Auftrag des Löwen unterwegs."

„Aha." Linda lächelte und zeigte dabei ihr beeindruckendes Gebiss. „Er hat euch also gesagt, dass ihr euch Grasbüschel auf die Schädeldecke kleben und herumkreischen sollt, dass die Fledermäuse vor Schreck aus den Bäumen fallen, dass ihr in seinem Namen Strafen androhen und alle zu einem Steppen-meeting scheuchen sollt, ja?"

„Och ... na ja, nicht d-d-direkt", stotterte Henriette.

„Wisst ihr, dass in der ganzen Savanne das Chaos ausgebrochen ist?", fragte Linda ernst. „Zehn Mäuse mussten mit Herzkammerflim-mern ins Buschkrankenhaus eingeliefert wer-den. Die Antilopen rasen kopflos hin und her und fragen jeden, ob das Prärie-Event nun in zwei oder in drei Tagen stattfindet. Die Zebras streiken, weil ihr ihnen im Namen des Löwen gesagt habt, dass sie nur als Pasteten zu ertra-gen sind. Die Gnus sind abgehauen, weil sie offensichtlich irgendetwas falsch verstanden haben. Es gibt bald keine Grasbüschel mehr, weil die Paviane euch nachäffen. Und außer-dem stinkt's zum Himmel, weil niemand mehr Aas frisst. Glaubt ihr ernsthaft, dass das in Leons Sinne war?"

„Ähm ... na ja", meinte Schorschi kleinlaut. „Wir dachten, wir könnten die Botschaft etwas aufpeppen."

„Und wir haben uns überlegt, dass es besser wirken würde, wenn wir löwiglicher auftreten", ergänzte Henriette.

„So, so, das habt ihr also gedacht", meinte Linda. „Wisst ihr, was ich glaube?"

Henriette und Schorschi schüttelten die Köpfe, dass ihnen beinahe die Perücken herunterfielen.

„Ich glaube, ihr dachtet, dass ihr besser seid als die anderen, weil der König euch beauftragt hat. Und dann habt ihr angefangen, euch selbst wie kleine Könige zu fühlen. Und je öfter ihr eure Botschaft weitergegeben habt, desto mehr habt ihr eure eigenen Ideen dazugepackt und euch amüsiert, dass die anderen vor euch kuschen."

Henriette und Schorschi schluckten. „Und jetzt?", fragten sie kleinlaut.

„Jetzt solltet ihr hoffen, dass der wahre Löwe ganz anders ist als ihr beide. Denn ich werde euch nun zu ihm bringen."

Was Leon der Löwe mit Schorschi und Henriette zu besprechen hatte, ist ihre Privatsache. Nur so viel sei gesagt: Sie wurden weder gefressen noch verbannt. Und ... Löwenperücken aus Präriegras kamen ganz schnell wieder aus der Mode.

103

Zu der Zeit, als Jesus auf der Erde war, gab es Menschen, die sich für superfromm und für etwas ganz Besonderes hielten. Von allen wollten sie bewundert werden. Dabei dachten sie sich immer wieder was Neues aus, an das die Menschen sich halten sollten, und behaupteten: Gott will das so.

Jesus warnt diese Leute: „Merkt ihr denn nicht, dass ihr es anderen unglaublich schwer macht, Gott zu vertrauen? Ihr denkt euch sogar für die popeligsten Kleinigkeiten im Leben der Menschen ganz genaue Regeln aus. Aber das, was wirklich wichtig ist, nämlich fair und barmherzig zu sein und sich mit allem, was uns bewegt, Gott anzuvertrauen, das interessiert euch überhaupt nicht. Täuscht euch nicht; auf diese Art steuert ihr zielgenau an Gottes Reich vorbei."

Nach Matthäus 23,4.13.23

Wie Kuni
das Unmögliche tat

Es war später Nachmittag und die geschlossenen Läden ließen nur gedämpftes Licht in den Stall. Verzweifelt sah Kuni in die Gesichter ihrer Mitbewohner, die sie erwartungsvoll anblickten. Dann stieß sie einen kläglichen Seufzer aus: „Ich kann es nicht tun, ich kann es einfach nicht!" Sie schüttelte sich, dass das Euter unter ihrem Bauch nur so schwabbelte.

„Wenn du so weitermachst, produzierst du beim Melken Sahnehäubchen", brummte Alois der Ackergaul gutmütig.

„Das ist mir egal", erwiderte Kuni und schauderte noch einmal vor Entsetzen. „Alles ist mir lieber als ... das!"

„Ich kann ja verstehen, dass es dir unangenehm ist", setzte Gudrun die Gans an. „Aber ..."

„*Unangenehm?*", kreischte Kuni hysterisch. „Weißt du überhaupt, was du da sagst? Wenn ich beim Grasen versehentlich eine Nacktschnecke verschlucke und Durchfall bekomme, dann ist das unangenehm. Wenn der Bauer wieder mal Touristen zum Melken einlädt und die an meinem Euter rumquetschen, als versuchten sie, jemanden zu erwürgen, dann könnte man das als unangenehm be-

105

zeichnen. Es ist unangenehm, wenn dir eines dieser verflixten Hühner vom Dachbalken aus auf den Kopf macht. Aber das? Das ist nicht unangenehm, das ist mein Ende. Das überlebe ich nicht!"

„Findest du nicht, dass du ein bisschen übertreibst?", meinte Borsti das Hausschwein und kratzte sich an der Schwarte.

„Nein!", keifte Kuni und peitschte empört mit dem Schwanz.

„Lass uns die Sache doch einmal vernünftig angehen", sagte Gudrun die Gans versöhnlich. „Du selbst hast uns doch erzählt, was du getan hast. Und du kennst die Regeln auf diesem Bauernhof. Du weißt, dass es nur eine Möglichkeit gibt, es wieder in Ordnung zu bringen. Also tu es einfach. Bring es hinter dich."

„N-n-jaa", druckste Kuni, „aber könnte man nicht einmal eine Ausnahme machen? Ich meine, nur für dieses eine Mal. Man muss ja nicht bäuerlicher als der Bauer sein, oder?"

„Ach, Kuni", seufzte Alois. „Seit wie vielen Nächten kannst du schon nicht schlafen?"

„Ich – nicht schlafen? Wer sagt, dass ich nicht schlafen kann?"

„Ich zum Beispiel", brummte Borsti. „Seit drei Nächten latschst du in deiner Box auf und ab, als würdest du für die Olympiade im Wettlatschen trainieren. Dabei seufzt du alle 10 Sekunden so laut auf, dass ich kein Auge zukriege. Sieh dich doch mal im Tümpel an.

106

Deine Augen sind schon so blutunterlaufen, dass man sie für Tomaten halten könnte."

„Okay, ich gebe zu, dass die Sache mich noch ein wenig beschäftigt", brummte Kuni und senkte den Kopf. Dann stieß sie verzweifelt aus: „Aber ich kann es einfach nicht. Versteht ihr das nicht? Es würde mich umbringen. Wollt ihr, dass ich elendig zugrunde gehe? Wollt ihr das?"

Gudrun zuckte hilflos mit den Flügeln.

Alois zog die Stirn in Falten.

Borsti pupste.

Einen Augenblick lang herrschte Stille im Stall und man konnte nur noch Kunis keuchenden Atem vernehmen. Dann sagte Alois der Ackergaul: „Kannst du dich noch daran erinnern, wie du so schreckliche Zahnschmerzen hattest?"

Kuni nickte zögernd.

„Es wurde von Tag zu Tag schlimmer, und wir haben dir ständig gesagt, dass du dir den Zahn ziehen lassen musst."

„Ja, aber du wolltest nicht, weil du solche Angst hattest", ergänzte Borsti. „Bald war deine Backe so dick angeschwollen, dass die Hühner dich im Verdacht hatten, du würdest ihre Eier darin spazieren tragen."

„Und dann", fuhr Alois fort, „als die Schmerzen so groß wurden, dass sie nicht mehr zu ertragen waren, da konntest du endlich zulassen, dass wir dich zu Stefan dem Stier brach-

107

ten. Weißt du noch, wie erleichtert du warst, als der dann mit einem einzigen geschickten Hornstoß deinen Zahn herauskatapultierte?"

Kuni nickte.

„Siehst du, und so ähnlich ist es jetzt auch. Es geht nicht nur darum, dass du die Regeln befolgst. Du selbst tust dir den größten Gefallen damit."

„Meint ihr wirklich?", fragte Kuni und sah dabei so kläglich drein wie ein pinkelnder Mops mit Blasenentzündung.

Alois, Borsti und Gudrun nickten bestätigend. Erwartungsvoll blickten die drei Freunde in Kunis große, braune Kuhaugen.

Diese begann am ganzen Leib zu zittern. „Nun ... vielleicht habt ihr recht. Aber ich ... ich glaube, mein Kreislauf bricht gleich zusammen. Seht ihr, wie ich zittere? Ich bin psychisch einfach nicht so belastungsfähig." Mitleidheischend blickte sie ihre Freunde an. Als diese nicht reagierten, verzog sie schmerzhaft das Gesicht und keuchte: „Oh ... und jetzt bekomme ich auch noch einen Krampf. Hier." Sie hob mit schmerzverzerrtem Gesicht einen Huf und stellte ihn gleich wieder ab. „Es geht einfach nicht. Ich kann nicht mal mehr laufen."

„Kuni", sagte Alois ernst und nickte bedeutungsvoll zum Stallausgang.

„Ist ja schon gut." Langsam und schwerfällig, als trüge sie ein schwangeres Nilpferd auf ihren Schultern, schlurfte Kuni mit winzigen

Schrittchen auf die Stalltür zu. Als sie auf den Hof trat, hatte sie das Gefühl, die ganze Welt würde plötzlich anhalten und sie anstarren.

Es dauerte fast zehn Minuten, bis sie die wenigen Meter überwunden hatte und an dem kleinen, etwas streng riechenden Stall ankam. Dort hielt sie kurz inne, holte tief Luft und klopfte leise mit dem Huf gegen die Tür. Zu ihrem Entsetzen war tatsächlich jemand zu Hause.

„Herein", ertönte eine meckernde Stimme.

Zögernd stieß Kuni die Tür auf, machte sich so klein wie möglich und quetschte sich durch die enge Tür. Da sie selbst die einzige Öffnung verdeckte, war es sehr düster im Stall. Man konnte lediglich zwei helle Augen und ein schemenhaftes Gesicht erkennen, das sie von unten herauf – wie es ihr schien, vorwurfsvoll – anstarrte.

„Es ... es tut mir leid", stammelte Kuni. „Ich war ungerecht und gemein zu dir. Dabei hattest du mir gar nichts getan. Ich brauchte einfach nur jemanden, an dem ich meine schlechte Laune auslassen konnte. Ich bitte dich, mir zu verzeihen."

„Vor vier Tagen hast du mich vor allen anderen beleidigt und jetzt kommst du und bittest mich um Entschuldigung?", fragte Zarah die Ziege mit einem schwer deutbaren Unterton in der Stimme.

„J-ja", sagte Kuni und ließ, in der Erwartung, dass sich nun der gerechte Zorn der Ziege über ihr entladen würde, die Schultern hängen.

„Okay", sagte Zarah. „Entschuldigung angenommen. Willst du 'ne Möhre?"

„Ja", sagte Kuni, während ihr vor Erleichterung dicke, fette Kuhtränen aus den Kuhaugen kullerten. „Ich hätte sehr gerne eine Möhre."

Es ist Gott sehr wichtig, dass wir uns unterei-
nander vertragen. Wir können nicht auf der
einen Seite fromm tun und auf der anderen
Seite gemein sein und andere fertigma-
chen.
Angenommen, du sitzt im Gottesdienst und
singst gerade fröhlich ein Lied, und dann
fällt dir plötzlich ein, dass du dich ziemlich
fies gegenüber deiner kleinen Schwester
oder einem Freund verhalten hast – dann
ist es Gott wichtiger, dass du dich versöhnst, als dass du den Gottesdienst brav
auf deiner Kirchenbank zu Ende bringst. Am
besten, du versöhnst dich ganz schnell und
bringst die Sache in Ordnung, selbst wenn
das heißen würde, dass du mal flott aus
dem Gottesdienstraum abzischst. Wenn du
dann irgendwann später versöhnt dein Lied
zu Ende singst, wirst du merken, dass es dir
viel besser dabei geht.

Nach Matthäus 5,23–24

Harald, das Moor und
der falsche Moment für Plaudereien

„Hilfe, Hilfe!", hallte eine jämmerliche Stimme durch den abendlichen Wald. Nebel waberte über das mit Sumpfgras bewachsene Moor und drang tief in den dicht mit Föhren und alten Laubbäumen bewachsenen Wald hinein.

„Hilfe, ich versinke!"

Eine Drossel flatterte, von den verzweifelten Rufen aufgeschreckt, zum Waldrand. Tiefer im Wald hob ein großer Braunbär seinen Kopf und reckte lauschend die Ohren. Am Stamm einer mächtigen Eiche stand ein kleiner Igel und lugte über die Böschung hinab in das Moor. Er bohrte sich nachdenklich in der Nase. Dörte die Drossel flatterte auf ihn zu und ließ sich auf einer Wurzel nieder.

„Guten Abend, Ingo", sagte sie zu dem Igel. „Was ist denn hier los?"

„Hi, Dörte", erwiderte der Igel.

„Hilfe, Hilfe!", klang es erneut aus dem Moor empor.

„Das ist Harald der Hase", erklärte Ingo. „Ich nehme an, er ist im dichten Nebel vom Waldweg abgekommen und über die Böschung hinab in das Moor gesaust."

„Hiiilfe!", schrie Harald.

„Ts, ts, ts. Schrecklich", sagte Dörte die Drossel und schüttelte den Kopf. „Ich finde,

113

man hätte hier längst mal ein Schild aufstellen sollen. Der Weg macht hier eine ganz scharfe Kurve. Ist doch klar, dass so etwas gefährlich ist."

„Da hast du recht", bestätigte Ingo der Igel. „Vor allem bei solchem Nebel."

„Ja." Dörte nickte heftig. „So einen Nebel hatten wir schon seit Jahren nicht mehr. Der ist ja so dick wie Großmutters Eicheleintopf."

„Hilfe!", jammerte Harald.

Ingo der Igel zog die Stirn in Falten. „Andererseits muss man bei so einem Wetter einfach nur mit normaler Geschwindigkeit den Weg entlanggehen, so wie ich. Dann kann auch nichts passieren. Ich nehme an, Harald ist wieder einmal wie eine wild gewordene Wildsau hier langgepest. Du weißt ja, wie Hasen sind. Die machen aus jedem Spaziergang ein Wettrennen."

„Tja, für euch Lauftiere sind Kurven ein Problem. Wir Vögel haben solche Sorgen nicht."

„So helft mir doch!", rief Harald verzweifelt. „Der Schlamm geht mir schon bis zum Hals."

„Ja", seufzte Ingo, „das ist schon eine komische Vorstellung. Hätte Harald Flügel, hätte er einfach eine Kurve über dem Moor gedreht und wäre wieder zurückgekommen."

Dörte nickte ernst. „Wenn alle Tiere Flügel hätten, gäbe es eine Menge Probleme weniger."

„Blubb, blubb!", machte Harald.

114

„Was ist denn hier für ein Lärm?", brummte plötzlich eine tiefe Stimme neben den beiden. Es war Bernd der Bär. Dann stutzte er: „He, da versinkt ja jemand im Moor!"

„Das ist Harald der Hase", erklärte Ingo. „Er ist mit überhöhter Geschwindigkeit in die Kurve gehoppelt, und nun hat er Pech, dass er kein Vogel ist", ergänzte Dörte. Ingo nickte. „Wir haben überlegt, dass ein Schild an dieser Stelle ..."

„Ja, habt ihr denn 'nen Knall?!", platzte Bernd heraus. „Wir müssen den armen Kerl retten. Los, Dörte, seine Ohren gucken noch raus. Du flatterst jetzt sofort hin und versuchst, ihn daran hochzuziehen! Und du, Ingo, knabberst mal die Wurzel da durch!"

Irgendwie fanden die beiden, dass Bernd ihre schöne Diskussion etwas rüde unterbrochen hatte. Aber wenn ein Bär erst einmal in Fahrt ist, sollte man ihn besser nicht infrage stellen. Also taten sie wie geheißen. Dörte schaffte es, Harald so weit emporzuziehen, dass seine Nase gerade so aus dem Schlamm lugte.

Nachdem Ingo die Wurzel halb durchgeknabbert hatte, riss Bernd den Rest einfach heraus. So hatte er einen langen, biegsamen Stab. „Halt dich daran fest!", befahl er Ingo. „Ich halte dich über das Moor und du packst Haralds Ohren. Los jetzt, uns bleibt nicht mehr viel Zeit!" Er hielt die Wurzel über den fast ver-

115

sunkenen Harald. Ingo hielt sich mit allen vier Pfoten daran fest und packte die Ohren des Hasen mit den Zähnen.

„Zugleich!", kommandierte Bernd und mit einem lauten PLOPP zogen sie den armen Harald aus dem Morast.

Behutsam legte Bernd ihn auf den Boden.

Harald rührte sich nicht.

„Das kriegen wir schon hin", brummte Bernd. „Ich heb seine Füße hoch und du drehst dich um und piekst ihm mit deinen Stacheln in den Po!"

„Okay, du bist der Chef", meinte Ingo. „So richtig?"

„Vollkommen richtig", brummte Bernd zufrieden.

„Es klappt!", rief Dörte die Drossel begeistert.

„Aua!", sagte Harald. Dann hustete er eine Menge mooriges Wasser aus. Als er damit fertig war, sah er Bernd den Bär an und sagte: „Danke!"

„Komm", meinte Bernd der Bär, „ich bring dich nach Hause und dann gibt's erst einmal eine schöne Milch mit Honig." Er schnappte sich Harald einfach und klemmte ihn sich unter den Arm. Dann stapfte er davon und berichtete von dem Bienenkorb, den er neulich im Wald gefunden hatte.

Ein wenig bedröppelt blickten Ingo und Dörte dem seltsamen Paar hinterher.

116

Schließlich meinte Ingo: „Bären sind nicht sehr höflich."

Dörte nickte.

„Bernd hat einfach unser schönes Gespräch unterbrochen", fuhr Ingo fort.

„Ja, und er hat sich überhaupt nicht für die grundsätzlichen Vorteile des Fliegens interessiert."

Dann sahen die beiden einander an und Dörte meinte etwas kleinlauter: „Andererseits hatte er irgendwie doch ein bisschen recht, oder?"

„Hm", machte Ingo. „Ich glaub schon."

„Und wenn ich ehrlich bin, ist es gar kein schlechtes Gefühl, ein Hasenretter zu sein", fügte Dörte hinzu.

„Das stimmt", sagte Ingo und schmunzelte ein bisschen. „Und welcher Igel kann so etwas schon von sich behaupten?"

Als Jesus mit seinen Freunden durch die Gegend wanderte, begegneten sie einem Mann, der seit seiner Geburt blind war. Die Freunde von Jesus dachten so bei sich: „Das ist bestimmt Gottes Strafe, dass es dem so schlecht geht." Sie dachten keineswegs darüber nach, wie sie dem Mann helfen konnten, sondern grübelten, was denn wohl die Ursache der Bestrafung gewesen sein könnte. Deshalb fragten sie Jesus: „Wer ist schuld daran, dass dieser Mann blind ist? Er selbst oder vielleicht seine Eltern?"
Ich kann mir vorstellen, dass Jesus an dieser Stelle ein bisschen traurig den Kopf geschüttelt hat, als er antwortete: „Ach, Leute, weder er selbst ist schuld daran noch seine Eltern. Wenn ihr schon nach Gründen suchen wollt, dann könnte man sagen: ,Er ist blind, weil an ihm die Macht Gottes sichtbar werden soll.'" Und dann spuckte Jesus einfach auf die Erde, rührte daraus ein bisschen Matschepampe und strich sie auf die Augen des Blinden. Dann forderte er ihn auf: „Geh jetzt zum Teich Siloah und wasch dich dort."

Der Blinde ging hin, wusch sich, und als er zurückkam, konnte er sehen.

(Wenn ihr euch jetzt fragt, warum Jesus für die Heilung Matschepampe gebraucht hat, dann stellt ihr euch die falsche Frage. Jesus hatte seine Gründe, da bin ich mir sicher, doch die gehen nur den blinden Mann und ihn etwas an. Die Frage, die wir uns stellen sollten, ist: Gibt es jemanden, der unsere Hilfe braucht?)

Nach Johannes 9,1-3.6-7

Hans und der Sturz
in den Abgrund

Es war eine stockfinstere Nacht, als sich Hans
der Hamster mit seinem alten Kumpel Karli
dem Kauz auf den Heimweg machte. Bis spät in
die Nacht hatten sie in Boppels Bar gesessen,
Boppels Birkenbrause getrunken und über die
neuen Ideen des Wald- und Wiesenparlaments
gestritten. Hans ärgerte sich sehr über die
neue Hamsterpartei, die doch tatsächlich die –
seiner Ansicht nach völlig bekloppte – Idee
hatte, ein gemeinsames Vorratslager für alle
Hamster einzurichten. Für alle Hamster zusammen! Noch immer konnte sich Hans kaum
beruhigen.

„Ich soll meinen Vorrat mit anderen teilen?",
schimpfte er, während er über den nacht-
schwarzen Pfad tappte. Dichte Wolken verdeck-
ten Mond und Sterne und man konnte kaum
etwas sehen. „Diese Hamsterpolitiker haben
wirklich nicht mehr alle Körner in der Backe."

„Ich verstehe nicht, was du hast", meinte
Karli der Kauz. „Wenn ihr alle eine große Vor-
ratshöhle habt, dann können auch die Hamster den Winter überleben, die im Sommer Pech
hatten und nicht so viel sammeln konnten."

„Pech? Ha, dass ich nicht lache. Ich weiß
genau, wie das ablaufen wird. Ich sammele
Körner, bis mir fast die Backen platzen, und

121

andere legen sich auf die faule Haut. Und im Winter fressen die dann meinen Vorrat. Da mach ich nicht mit. Niemals!"

„Und was ist, wenn du dir bei den Wallnuss- weitwurfmeisterschaften die Pfote verstauchst oder wenn du eine Hamsterbackenentzündung bekommst?", fragte Karli. „Dann wärst du auch froh, wenn andere dir helfen würden."

„Karli", sagte Hans ernst. „Du hast keine Ah- nung. Wenn es hart auf hart kommt, ist man immer auf sich allein gestellt. Man kann nie- mandem trauen!"

„Niemandem?", fragte der Kauz. „Du ver- traust wirklich niemandem?"

„Niemandem!", bestätigte Hans.

„Das ist traurig", meinte Karli kopfschüt- telnd.

„Ich bin bis jetzt mit dieser Einstellung prima durchs Leben gekommen", erwiderte Hans.

Die beiden waren so sehr in ihr Gespräch vertieft, dass sie gar nicht merkten, wie sie in der Dunkelheit vom Weg abkamen. Ihnen fiel nicht einmal auf, dass es immer steiniger und steiler wurde.

„Schon mein Vater und mein Großvater haben so gelebt", erklärte Hans. „Opa sagte immer: ‚Am besten schmeckt die eigne Nuss – Teilen bringt dir nur Verdruss. Niemandem kannst du vertrauen – alle wollen dir was klauen.'"

„Klingt ein bisschen einsam", meinte Karli.

„Quatsch", knurrte Hans, „Opa war immer spitze drauf, wenn ich ihn mal zufällig traf ..."

Und dann geschah es! Mit einem Quieken, das jedem Meerschweinchen Ehre gemacht hätte, brach Hans mitten im Satz ab. Einen Augenblick lang fuchtelte er wild mit den Vorderpfoten in der Luft herum. Dann verlor er endgültig den Halt und rutschte ab. Er schlidderte ein lehmiges Bachbett hinab, prallte gegen einen Felsen, machte einen doppelten Salto, versuchte vergeblich, sich an vorstehenden Felsbändern festzuhalten, und landete schließlich in einem dichten Busch. Gerade noch bekam er einen dünnen Ast mit beiden Vorderpfoten zu packen. Sein Sturz endete abrupt und Hans hing auf und ab wippend in der Finsternis.

„Wo bist du?", hörte er die besorgte Stimme von Karli rufen.

„Hier unten", hallte es jämmerlich durch die tiefe Schlucht. „Ich hänge an einem Ast."

Zu seiner Erleichterung hörte Hans wenig später das Rauschen von Flügeln. Sehen konnte er nichts. Dazu war es zu finster.

„Wie geht's dir?", fragte Karli. „Alles in Ordnung?"

„Ja", fauchte Hans. „Ganz wunderbar, es könnte gar nicht besser sein. Ich liebe es, in stockdunkler Nacht Schluchten hinabzustürzen, mir fast den Schädel einzuschlagen und dann an einem dünnen Ästchen über einem tödlichen Abgrund zu schweben. Ja, mir geht es wirklich großartig, danke der Nachfrage."

„Okay", erwiderte Karli trocken. „Offensichtlich bist du nicht ernsthaft verletzt."

„Und nun Spaß beiseite", sagte Hans. „Wie komme ich hier wieder weg? Kannst du irgendetwas erkennen?"

„Ich schau mir das mal genauer an", erwiderte Karli.

Hans hoffte inständig, dass der Kauz, der eine deutlich bessere Nachtsicht als der Hamster hatte, irgendeinen Ausweg finden würde. Leider schien dem nicht so zu sein, denn als Karli wenige Augenblicke später zurückkam und Hans ihn nervös fragte: „Und, wie komm ich hier runter?", antwortete der Kauz nur: „Einfach loslassen."

„Sehr witzig, wirklich sehr witzig. Sagt dir der Begriff ‚komischer Kauz' etwas?"

„Ich meine es ernst", erwiderte Karli. „Lass los. Das ist deine einzige Chance."

„Bist du irre, Mann?", rief Hans empört. „Willst du, dass ich mir alle Knochen breche?"

„Vertrau mir, dir wird nichts passieren", sagte Karli.

„Vielleicht ist es dir noch nicht aufgefallen, aber ich kann nicht fliegen", knurrte Hans und versuchte, einen Krampf in seiner rechten Vorderpfote zu unterdrücken.

„Wieso? Du bist doch eben auch wunderbar geflogen", erwiderte Karli.

124

„Was?!"

„War nur'n Scherz", beschwichtigte der Kauz.

„Ich hoffe, du nimmst es mir nicht übel, wenn ich darüber gar nicht lachen kann", zischte Hans, der zu seinem Entsetzen feststellte, dass seine Pfoten immer glitschiger wurden. „Ich kann mich nicht mehr lange halten", keuchte er.

„Dann lass besser los, bevor du noch 'nen Krampf kriegst", erwiderte Karli ungerührt.

„Du meinst es ernst, nicht wahr?"

„Natürlich meine ich es ernst. Vertrau mir. Lass einfach los."

Hans spürte, dass Karli ihn nicht in den Abgrund stürzen lassen würde, und er wusste auch, dass er sich nicht ewig an dem Ast festklammern konnte. Doch die Finsternis um ihn herum und der Gedanke an eine bodenlose Tiefe jagten ihm furchtbare Angst ein.

„Lass los", wiederholte Karli ruhig.

„Bist du dir sicher, dass das eine gute Idee ist?", jammerte Hans.

„Ja."

„Ganz sicher?"

„Absolut", versicherte Karli.

„Okay", sagte Hans. Innerlich zwang er sich dazu, bis drei zu zählen. *Bei drei lasse ich los,* sagte er sich selbst. *Eins, zwei, zweieinhalb, zweidreiviertel, fast drei und ...* Er konnte es nicht! Es ging einfach nicht.

„Hans?", fragte Karli der Kauz nach einer Weile.

„Ja?"

„Du hältst dich noch immer fest."

„Ach", sagte Hans und lächelte gequält. „Nun ja, ich hab mir die Sache noch einmal durch den Kopf gehen lassen. Im Grunde genommen ist meine Position hier gar nicht so schlecht. Der Ast ist eigentlich recht bequem, liegt gut in der Pfote und irgendwie ist es ja auch eine interessante Erfahrung ..."

„Hans", unterbrach ihn Karli, „warum vertraust du mir nicht?"

„Ich vertrau dir ja."

„Ach?"

„Ja wirklich, ich vertrau dir. Natürlich vertrau ich dir. Gar keine Frage ... Ich bin mir nur nicht so sicher, ob du recht hast."

„Ah ja", sagte Karli und schwieg eine Weile.

„Karli?", fragte Hans, während er vor Schwäche am ganzen Leib zitterte. „Gibt es nicht vielleicht doch noch eine andere Möglichkeit?"

„Ich fürchte, nein", erwiderte der Kauz.

„Gut, also denn ..." Hans schloss ganz fest die Augen und dann, ganz langsam, löste er seine verschwitzten und verkrampften Pfoten. Der Ast schnellte nach oben und Hans plumpste mit einem erstaunten „Ups!" auf den Boden, noch bevor er einen Angstschrei ausstoßen konnte.

In diesem Augenblick begann der Morgen zu grauen. Die dichte Wolkendecke riss auf und schwaches Licht erhellte die Szenerie. Ungläubig und noch immer am ganzen Leib zitternd bemerkte Hans, dass er die ganze Zeit nur wenige Zentimeter über dem sicheren Boden geschwebt hatte.

Karli der Kauz landete neben dem noch immer keuchenden Hamster und zwinkerte ihm fröhlich zu.

Nachdem er einigermaßen zu Atem gekommen war, stemmte Hans die Vorderpfoten in die Hüften und brummte: „Findest du nicht, dass du mir da eine wichtige Information vorenthalten hast?"

„Findest du nicht, dass du dir eine ganze Menge Ärger erspart hättest, wenn du mir vertraut hättest?"

Die Antwort, die der Hamster in seinen Schnurrbart brummte, war zu leise, um sie verstehen zu können. Aber so viel sei gesagt: In dieser Nacht hatte Hans etwas gelernt, das er sein ganzes Leben lang nie wieder vergessen sollte.

Jesus sagt: „Wenn ihr euch verlassen fühlt, wenn ihr nicht mehr weiterwisst und große Angst habt, dann bitte ich euch: Vertraut mir trotzdem. Denn ich sehe etwas, das ihr nicht sehen könnt. Ich habe diese Welt mit all ihren Gefahren, mit all den bösen Dingen, die es in ihr gibt, sogar mit dem Tod schon längst besiegt. Ich bin ganz nah bei euch, auch wenn ihr mich nicht sehen könnt."

Nach Johannes 16,33 und Matthäus 28,20